J. PERNOUD

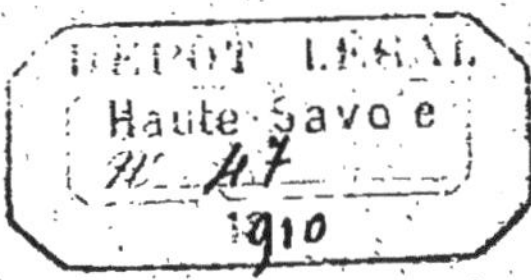

L'HISTOIRE

A L'ÉCOLE

Deuxième Édition, Revue et Augmentée

THONON-LES-BAINS
IMPRIMERIE JULES MASSON
1910

En vente chez V. ROCHE, libraire à Annecy,
ez l'auteur, à Amancy, par La Roche (Haute-Savoie)

L'HISTOIRE

A L'ÉCOLE

J. PERNOUD

L'HISTOIRE
A L'ÉCOLE

THONON-LES-BAINS

IMPRIMERIE JULES MASSON

—

1910

PRÉFACE

Je suppose, ami lecteur, que je n'ai jamais vu Paris. Désireux de connaître la capitale, je vais trouver un Parisien de mes amis et le prie de me servir de cicerone. Il accepte avec empressement, et, pendant six jours, il se fait mon guide. Mais au lieu de me diriger du côté des grands boulevards ou des belles avenues, de me faire visiter les superbes palais du Louvre et du Luxembourg, de m'introduire dans les riches musées ou les grands magasins, il me conduit à travers des ruelles malpropres et mal éclairées, me fait entrer dans quelques échopes qui puent le vice et la bestialité, et après six jours de course à travers les quartiers les plus laids de la capitale, il me laisse en me disant : « Maintenant, vous connaissez Paris ».

Cela n'a pas le sens commun. Eh bien, c'est ainsi que procèdent les auteurs de certains manuels scolaires à l'égard des enfants qui veulent connaître l'histoire du passé. De cette histoire, ils cachent tout ce qui est beau, tout ce qui est grand ; ils ne font voir que le mal, et ce mal, ils en attribuent plus ou moins indirectement la responsabilité à l'Église. En agissant de la sorte, ils commettent une souveraine injustice. « C'est mal raisonner contre la religion, dit Montesquieu, de rassembler dans un grand ouvrage une longue énumération des maux qu'elle n'a pas pu prévenir, ou dont elle a été l'occasion, si l'on ne fait de même celle des biens qu'elle a faits. Si je voulais raconter *tous les maux qu'ont produits dans le monde les lois civiles, la monarchie, le gouvernement républicain, je dirais des choses effroyables ».*

Mais ces auteurs vont plus loin. Ils grossissent le mal et mettent sous les yeux des enfants des abus imaginaires ; ils espèrent par là inspirer à leurs jeunes cœurs la haine de la religion, qui fut cependant, au dire de M. Buisson lui-même, l'inspiratrice de tous les progrès réalisés jusqu'ici.

Il importe de dénoncer au public une manière de faire si déloyale et si funeste (1). Nos Seigneurs les Evêques l'ont fait dans une lettre remarquable, adressée à tous les catholiques de France. Je voudrais, dans cette brochure, soumettre à un examen consciencieux certaines propositions que j'ai extraites des Manuels d'histoire censurés par l'autorité ecclésiastique, et montrer le bien-fondé de cette condamnation, heureux si ces lignes pouvaient empêcher un peu de mal et éclairer quelques âmes égarées.

---

(1) *La déloyauté de ces auteurs est si évidente que les adversaires mêmes du Catholicisme sont obligés de la blâmer. Ecoutez M. Gasquet. directeur de l'Enseignement primaire : « Il semble que pour beaucoup de nos livres primaires, la Révolution ait tracé une ligne de démarcation absolue entre deux époques ; qu'avant cette date fatidique, la France ait végété en une ère d'ignorances et de ténèbres, en un abîme de souffrance et de misère où l'aube de 1789 commença à laisser filtrer le premier rayon d'espoir et de salut. C'est là une conception fausse ». (Conférences d'Auteuil, p. 14.) — Lisez le premier numéro de la Terre Libre (rédigé par des ultra-révolutionnaires) : « L'histoire qu'on enseigne dans les écoles de l'Etat, écrit M. Janvion, ce n'est pas l'histoire tout court, collation et interprétation aussi exactes et aussi impartiales que possible des faits, c'est une histoire où les faits sont maquillés, les instruments travestis, où leur enseignement est faussé et dénaturé. » — Lisez le Réveil des Côtes-du-Nord (journal socialiste anticlérical) : Une telle partialité, une si évidente mauvaise foi est une faute, une très grosse faute. L'histoire dénaturée... Décidément les évêques de France n'ont pas tout à fait tort. »*

CHAPITRE I

AVANT LE MOYEN-AGE

I. — « *Certains disciples du Christ fanatiques et im-*
« *prudents s'étaient mis en révolte ouverte contre les*
« *lois romaines et avaient déchaîné les persécutions*
« *contre les chrétiens* ». (Rogie et Despiques). —
« *Le gouvernement romain résista d'abord aux chré-*
« *tiens qui bravaient ses lois* ». (Aulard et Debidour).

Quelles étaient donc ces lois que bravaient les disciples
du Christ ? Tertullien nous le dit dans son *Apologie* (10) :
« Aux yeux de la loi, les chrétiens sont coupables de sacri-
lèges parce qu'ils refusent de sacrifier aux dieux et d'adorer
les empereurs ». L'un des manuels d'histoire condamnés
par les Evêques le reconnaît et l'exprime très clairement :
« Les empereurs romains, disent MM. Guiot et Mane, obli-
geaient leurs sujets à les adorer comme des dieux. Le christianisme, qui affirmait l'existence d'un *Dieu unique*, ne
pouvait accorder les honneurs divins à des mortels si puissants qu'ils fussent. Indignés, les orgueilleux empereurs
envoyèrent à la mort les chrétiens qu'ils considéraient
comme des rebelles ».

C'est dire que le gouvernement romain empiétait sur le
domaine de la conscience, qu'il voulait imposer aux citoyens une religion ; c'est dire aussi que les disciples du
Christ ne voulurent pas tolérer ces empiètements abusifs et
que, par leur constance et leur courage, les martyrs établi-
rent sur la terre la distinction du pouvoir temporel et du
pouvoir spirituel, distinction qui rendit à la conscience sa
dignité et sa liberté. « Les chrétiens dit M. Keller (1),
payaient l'impôt et observaient fidèlement les lois civiles,
tant qu'elles n'étaient pas contraires aux lois de Dieu. Mais
ils ignoraient l'art honteux de se plier aux volontés injustes

(1) Discours prononcé à la Chambre, 12 juin 1889.

des Césars. Pendant que les autres s'agenouillaient, ils savaient se tenir debout et donner leur vie pour défendre les droits sacrés et inviolables de leur conscience ».

Les manuels condamnés reviennent à chaque page sur la nécessité de la liberté de conscience. Comment ne voient-ils pas que « cette vertu inappréciable qu'on appelle la tolérance religieuse » (Calvet), nous la devons surtout au courage des martyrs ? Et pourquoi traitent-ils ceux-ci de « fanatiques » et « d'imprudents » pour n'avoir pas voulu se courber sous la tyrannie des empereurs romains ? Il y a là une contradiction qu'on a de la peine à excuser.

II. — « *Il (Charlemagne) fut amené à une lutte d'exter-*
« *mination contre les Saxons, pour les forcer à*
« *abandonner leurs croyances... Malgré leur belle*
« *résistance, les Saxons furent obligés de recevoir le*
« *baptême.* » — (Calvet. Hist. de France.)

« *Chrétien ardent, Charlemagne fit la guerre aux*
« *Saxons qui voulaient garder leur religion. A force*
« *de violences et de massacres, il les soumit et les*
« *convertit.* » — (Aulard et Debidour.)

Ces réflexions paraissent au moins tendancieuses et demandent un correctif.

« Toutes les guerres saintes, dit Ozanam (1), sont premièrement défensives ; elles commencent par la juste résistance de la chrétienté attaquée sur ses frontières. Mais, comme il n'y a pas de droit des gens avec les barbares, la guerre de défense ne pouvant finir par la paix, se tourne en conquête, et la conquête se légitime en civilisant. » La remarque du célèbre historien s'applique parfaitement à la guerre entreprise par Charlemagne contre les Saxons.

Sous prétexte de repousser la prédication qu'avait tenté de faire chez eux le saint missionnaire Lebuin, les Saxons avaient envahi le territoire franc, surpris la population catholique de Deventer, brûlé l'église et massacré les habitants. Charlemagne ne pouvait laisser impuni un tel acte d'agression ; il marcha contre les envahisseurs qui ne tardèrent pas à demander la paix. Le vainqueur la leur accorda, sans songer le moins du monde à leur imposer la réception du baptême.

(1) *Œuvres*, t. IV, 4ᵉ éd. p. 301.

Charlemagne quitta la Saxe pour aller en Italie combattre les Lombards. Il n'avait pas encore franchi les Alpes que les Saxons reprirent les armes et envahirent la Hesse.

Le roi franc revint aussitôt pour les repousser.

Ainsi, la politique de Charlemagne se renferma d'abord en ces termes : arrêter les incursions des Saxons sur son territoire, et prévenir de nouvelles attaques. Il ne songea nullement à les pousser, l'épée dans les reins, à recevoir le baptême.

Les traités qui suivirent les premières campagnes ne soumettaient les vaincus qu'au serment de fidélité ; ceux-ci gardaient leurs libertés et leurs biens. Mais les Saxons rompaient trop souvent les traités de paix conclus avec leur vainqueur. L'horreur d'une lutte qui se prolongeait, par suite des révoltes sans cesse renouvelées de ses adversaires, irrita le roi et le détermina à prendre contre eux des mesures rigoureuses.

C'est alors que Charlemagne, sous l'influence d'une colère bien explicable par les circonstances, fit fausse route et empiéta sur un domaine qui n'était pas le sien, celui de la conscience.

L'Eglise éleva aussitôt la voix pour protéger la liberté des Saxons. Le pape Adrien envoya au vainqueur de sages conseils de clémence. Le moine Alcuin et son ami Saint-Paulin d'Aquilée blâmèrent hautement la sévérité du roi, disant que « la foi est un acte de volonté et non pas de contrainte. »

Charlemagne se rendit aux exhortations de ses plus intimes conseillers ; l'obligation du baptême disparut des capitulaires pour la Saxe ; les évêques et les prêtres travaillèrent dès lors pacifiquement à l'éducation des Germains. « Au reste, fait remarquer M. Godefroid Kurth (1), l'Evangile n'avait pas besoin des rigueurs de la loi civile pour s'établir dans les cœurs. La Saxe accueillit et aima Jésus-Christ dès qu'elle le connut. Une multitude de ses guerriers suivit *spontanément* l'exemple de Witikind, descendu dans la cuve baptismale, et ni le Christianisme ni la civilisation n'ont à rougir de la manière dont ils prirent possession de ce noble peuple. En somme, les Saxons furent traités avec douceur par un conquérant qui voulait les faire participer aux bienfaits de la vie sociale, en les appelant à être des membres et non des sujets de son empire. Ils gardèrent

(1) *Les Origines de la civilisation moderne*, t. II, p. 218.

leur droit ancien ; on leur donna pour les gouverner des princes de leur race et Witikind lui-même, le héros qui avait causé tant de fatigues à son vainqueur, vécut paisible et honoré au milieu de son peuple... Aussi, moins d'un siècle après la conquête, la Saxe ne le cédait en civilisation à aucune province de l'empire franc, et dans la crise que traversa alors le monde occidental, ce fut elle qui sauva l'Allemagne, en lui donnant une dynastie dont le plus glorieux représentant avait pris pour modèle le vainqueur de sa patrie. »

C'est à la lumière de ces résultats qu'il faut examiner le rôle de Charlemagne auprès du peuple saxon, si l'on veut l'apprécier avec quelque justice.

CHAPITRE II

RÉGIME FÉODAL

I. — En lisant ce que MM. Devinat, Guiot et Mane, Brossolette, Aulard et Calvet disent du moyen âge, on constate chez eux une odieuse tendance à représenter cette période comme une époque de barbarie. Ces Messieurs s'imaginent atteindre ainsi l'Eglise qui était puissante en ce temps là.

A tous ces auteurs acharnés au dénigrement du passé, opposons d'abord la réponse de M. Gasquet, directeur de l'enseignement primaire au ministère de l'Instruction publique :

« Il semble, dit-il, que pour beaucoup de nos livres primaires, la Révolution ait tracé une ligne de démarcation absolue entre deux époques ; qu'avant cette date fatidique la France ait végété en une ère d'ignorances et de ténèbres, en un abîme de souffrance et de misère où l'aube de 1789 commença à laisser filtrer le premier rayon d'espoir et de salut.

« C'est là une conception simpliste et *fausse*. Elle est injurieuse pour nos ancêtres, capables d'avoir supporté si longtemps ce joug d'iniquité ; elle est impossible à concilier avec les chefs d'œuvre de civilisation réalisés dans ce passé avec la collaboration de tous. *Cet ancien régime a connu*

des siècles de splendeur et de prospérité. Des recherches des
érudits et des documents qu'ils ont rassemblés, il semble
résulter qu'au XIII⁰ siècle la France fut presque aussi
riche, aussi peuplée, et *l'homme du peuple aussi heureux
qu'il le fût jamais sur notre sol.* » (*Conférences d'Auteuil,*
p. 14 et 15).

Cette critique et ce blâme émanant du directeur de l'Enseignement primaire devraient aller droit au cœur des
auteurs que nous étudions. Ajoutons-y quelques apprécia-
tions de savants non suspects de cléricalisme :

— « Les savants qui ont étudié l'ancienne condition des
paysans européens, sans se laisser égarer par les passions
politiques de notre temps, sont tous arrivés à la même
conclusion. Ces tableaux fidèles du passé nous montrent
les paysans jugeant eux-mêmes leurs affaires civiles et cri-
minelles, payant de faibles impôts, et établissant les taxes
relatives aux dépenses locales ; ayant enfin, devant leurs
seigneurs, des allures indépendantes qu'aucune classe des
sociétés du continent n'oserait prendre aujourd'hui devant
la bureaucratie européenne. » (LE PLAY, *Réforme sociale ;*
cité par ROMAIN : *Le moyen-âge fut-il une époque de ténèbres ?* p. 180.)

— « Les ouvriers mineurs du XV⁰ siècle, au point de vue
de leur bien-être, n'avaient rien à envier à ceux de l'époque
présente ». (Siméon LUCE, de l'Institut : *La France pendant la guerre de Cent ans,* p. 376).

— Au XII⁰ siècle, d'après M. Léopold Delisle, savant
paléographe, membre de l'Institut, le salaire du simple
journalier des champs était comparativement très supérieur
aux salaires actuels.

La neuvième gerbe était attribuée, comme payement,
aux moissonneurs. Pour une journée, tant de charrue que
de moisson, on donnait douze deniers, alors que quatre
deniers représentaient la nourriture journalière d'un
homme.

Le batteur en grange recevait la dix-septième partie du
grain battu. Le moissonneur et le batteur bénéficiaient
donc d'un sixième de la récolte.

— « Au XV⁰ siècle, tous les ouvriers recevaient en
moyenne comme salaire, par jour, 20 pour cent de plus
qu'en 1896, avec 17 pour 100 de moins d'efforts. » D'AVE-
NEL, *Revue des Deux-Mondes,* octobre 1896.)

— « S'il y eut, au cours de notre histoire, une époque où notre peuple connut la douceur de vivre, ce fut vers la fin du XV⁰ siècle ». (HANOTAUX, de l'Académie, ancien ministre : *Histoire de Richelieu*, t. 1, 2⁰ édit., p. 499).

Nous pouvons ajouter que la vie avait « sa douceur » bien avant cette date, même à l'époque féodale. Les documents le prouvent. Qu'il nous suffise de citer l'aveu d'un socialiste bien connu, M. Lafargue. Il était devant la cour d'assises de Douai, comme ayant pris part aux désordres de Fourmies. Le président interrogeait l'accusé en ces termes :

« Le 11 avril dernier, vous êtes venu tenir à Fourmies une réunion dans laquelle vous avez dit notamment : Autrefois, il y avait deux castes ; le noble et le serf ; le noble habitait le château, le serf une tanière. Il était mené par le fouet ».

— M. Lafargue répondit : « Cette citation est absolument inexacte. J'ai trop étudié l'époque féodale pour pouvoir dire que le serf habitait des tanières et qu'on le menait à coups de fouet... J'ai dit et je maintiens que, *sous l'ancien régime, l'artisan était dans une situation bien meilleure que sa situation d'aujourd'hui.* L'Eglise lui assurait cinquante-deux dimanches et trente-huit jours fériés, au total quatre-vingt-dix jours de repos ».

Nous pourrions multiplier les citations de ce genre. Mais celles-là suffiront pour montrer ce que pensent du Moyen-Age les historiens qui connaissent le passé autrement qu'à travers les déclamations de publicistes sans conscience.

II. — « *Au bas de la tour du château se trouvaient*
« *des cachots où on jetait les prisonniers. On les y*
« *laissait souvent mourir ; on les y oubliait ; d'où le*
« *nom d'oubliettes donné à ces cachots* ». — (CALVET).

Pour dissiper un préjugé répandu dans le peuple par les conteurs et les romanciers, il importe, à propos du texte que nous venons de citer, de faire quelques observations.

On a donné le nom d'oubliettes à des cachots de châteaux féodaux, dans lesquels on enfermait le condamné qui n'avait pour toute nourriture, que du pain et de l'eau.

On a aussi appelé oubliettes, des espèces de puits dont les parois étaient garnies de pointes de fer aiguës. Le mal-

heureux dont on voulait se défaire et qu'on aurait précipité
vivant dans le puits, aurait laissé, dans sa chute, des lambeaux de chair à tous ces crocs avant de mourir de faim.

Heureusement pour l'honneur de l'humanité et la honte
des auteurs de pareilles inventions, les archéologues les
démentent. « Nous devons avertir nos lecteurs, dit Prosper
Mérimée, de se tenir en garde contre les traditions locales
qui s'attachent aux souterrains des donjons. On donne
trop souvent, au Moyen-Age, des couleurs atroces et l'imagination accepte trop facilement les scènes d'horreur que
les romanciers placent dans de semblables lieux. *Combien
de celliers ou de magasins à bois ont été pris pour d'affreux
cachots !* C'est avec la même réserve qu'il faut examiner les
cachots particulièrement désignés sous le nom d'oubliettes,
espèces de puits où l'on descendait, dit on, des prisonniers
destinés à mourir de faim, ou bien qu'on tuait en les y pré-
cipitant d'une salle dont le plancher se dérobait sous leurs
pieds ».

M. Viollet le Duc, le savant architecte archéologue, l'ha-
bile restaurateur de tant de monuments historiques, ne
parle pas autrement. De tous les châteaux possédant des
prisons qu'il a visités, il n'en a trouvé que trois dans lesquels ces cachots *puissent être considérés comme des oubliettes :* le château de Pierrefonds, la Bastille à Paris et le
château de Chinon. Or, ce qu'on appelle les *oubliettes de
la Bastille* était tout simplement une glacière, et les oubliettes du château de Chinon n'étaient autre chose que des
latrines !

Voilà donc deux archéologues éminents qui ont fait des
recherches minutieuses et multipliées touchant les oubliettes ; et, après toutes leurs recherches, ils n'ont trouvé
qu'un seul château, celui de Pierrefonds, où une destina-
tion inhumaine puisse être attribuée à une oubliette ; aucun
vestige, d'ailleurs, n'indique qu'une seule victime y ait
trouvé la mort.

Voilà à quoi se réduit le fantôme des oubliettes. C'est
une fable à ajouter à tant d'autres. (Voir *Romain.
O. C. p. 284 ss.)*

III. — « *Le serf était attaché à la glèbe. C'est-à-dire
« que si le sol était vendu, le serf l'était en même
« temps. Il n'avait donc pas le droit d'aller s'établir*

« *ailleurs, il n'était pas libre de sa personne.* » —
(Calvet.)

« *Les serfs ne pouvaient quitter leur misérable cabane.*
« *Si leur champ était vendu, on les vendait avec le*
« *champ. Ils étaient, comme on dit, attachés à la*
« *glèbe.* » — (Devinat.)

« *Le serf était attaché à la glèbe !* » — Qu'est ce que cela
veut dire ? Tout simplement ceci : que le serf était attaché
à la terre, comme l'industriel, aujourd'hui, est attaché à son
usine qui est sa fortune, comme l'ouvrier à son métier et à
son outil qui le fait vivre.

On dit que « *si le sol était vendu, le serf l'était en même
temps* » ; c'est de la déclamation. Le serf changeait de seigneur comme un fermier change de propriétaire aujourd'hui,
quand celui-ci vend sa terre.

Selon Guérard, de l'Ecole des Chartes et de l'Académie
des inscriptions, « le seigneur était, à la vérité, maître du
territoire, mais il ne pouvait chasser ni déplacer les habitants. Ceux-ci étaient devenus propriétaires réels, de tenan-
ciers qu'ils étaient auparavant. S'il était loisible au seigneur
de vendre le sol, c'était sans les déposséder, de la même
manière qu'un roi céderait une province. » (*Polyptyque
d'Irminon.*)

Ainsi, le seigneur était bien le propriétaire légal du sol,
mais le serf en avait l'usufruit ; il pouvait transmettre cet
usufruit à ses enfants. De plus, ce qui lui restait de ses
fruits, après redevances payées, lui appartenait ; il en avait
le libre usage. Combien d'ouvriers, de nos jours, envieraient
cette situation ! (1)

Aussi, lorsque le roi Louis X offrit aux serfs leur affranchissement, beaucoup refusèrent ; et il dut les contraindre
à accepter.

On dit aussi que « *le serf n'avait pas le droit d'aller s'établir ailleurs.* » En effet, le serf pouvait être poursuivi quand
il abandonnait son *tènement*. Si le seigneur avait des raisons
de croire qu'il voulait échapper, par la fuite, à ses obligations, il usait de son droit pour le reprendre partout où il le

(1) C'est la réflexion que fait le chef actuel des socialistes belges,
M. E. de Laveleye, dans l'introduction de son ouvrage : *Le socialisme contemporain.*

trouvait. Qu'y a-t il d'injuste en cela ? Un propriétaire, aujourd'hui, ne poursuivrait-il pas son fermier qui ne paierait pas ses fermages ?

D'ailleurs, généralement, le serf pouvait obtenir, moyennant une somme légère et l'acquittement de ses autres devoirs, « la liberté d'aller s'établir ailleurs », comme un fermier peut obtenir, moyennant des dommages-intérêts, de quitter la ferme avant l'expiration du bail.

On dit enfin que *« le serf n'était pas libre de sa personne, »* Ce n'est pas l'avis des historiens qui font autorité en la matière.

Pendant le règne de la féodalité, dit Guérard (1), la servitude se transforme en servage ; le serf retire sa personne et son champ des mains de son seigneur. Il doit à celui-ci, *non plus sa personne* ni son bien, mais seulement une partie de son travail et de ses revenus. Il n'est plus qu'un tributaire, à peu près comme, aujourd'hui, nos métayers qui partagent avec le propriétaire, les fruits de la terre.

« La condition des serfs a beaucoup varié durant le Moyen Age, dit M. de Monléon (2) ; mais, abstraction faite de toutes les différences, le serf type et de tous les temps, est *toujours un homme qui est libre de sa personne.* »

IV. — *« En outre, les seigneurs le considéraient « comme taillable et corvéable à merci, et s'il protes- « tait ils l'envoyaient à la potence. »* — (CALVET.)

« Ces malheureux étaient taillables et corvéables à « merci, c'est-à-dire autant que le seigneur le vou- « lait ». — (DEVINAT).

Les biens roturiers étaient grevés d'un impôt que les serfs devaient payer à leurs possesseurs. Les paiements étaient marqués par une encoche faite sur une taille de bois ; de là, le nom de *taille,* pour désigner l'impôt lui-même.

Il est certain qu'à une époque où il n'y avait pas de législation précise, où chaque seigneur était maître chez lui, où le frein religieux commandait seul la justice des seigneurs,

____

(1) Cet auteur a manipulé pour ainsi dire tous les actes originaux de la première moitié du moyen âge. C'est dire son autorité.

(2) *L'Eglise et le droit romain,* p. 401.

dénués de ce frein, pouvaient imposer à leurs serfs des charges un peu lourdes. Le fait a dû se produire quelquefois. Mais, à cette époque de foi, c'était l'exception ; l'égoïsme et l'amour de l'argent, si communs aujourd'hui, étaient rares alors.

D'ailleurs, la taille ne fut pas toujours abandonnée à la fixation arbitraire du seigneur. Dès le XIIe siècle, un *abonnement* consenti par les deux parties la remplaça ; la légalité fut substituée à l'arbitraire ; le serf *ne fut plus taillable à merci !*

Il en fut de même pour les corvées.

Les corvées étaient des journées de travail, ou certains transports et certains travaux que le seigneur imposait aux serfs pour la culture de sa réserve, l'entretien de son habitation et des chemins. — Le Moyen-Age fut l'époque de la guerre. Le seigneur devait à ses serfs aide et protection ; il devait défendre leurs champs et leur vigne, leurs troupeaux et leur personne ; il devait les secourir dans leurs pertes, leurs accidents et leurs malheurs. En échange de ces services, il était juste que l'on cultivât sa terre, qu'on entretînt les routes.

On a fort exagéré l'importance de ces corvées ; elles ne dépassaient pas notablement les réserves que les propriétaires actuels introduisent dans les contrats qu'ils passent avec leurs métayers et leurs fermiers.

D'ailleurs, les corvées furent réglementées de très bonne heure. Le seigneur n'avait le droit d'exiger que douze journées par an. En outre, la prestation de ces journées était séparée par des intervalles, de sorte que le corvéable n'était pas gêné pour sa culture et la levée de ses récoltes ; il *n'était plus corvéable à merci !*

Que des abus se soient produits, nul ne songe à le contester ; quelle est l'institution humaine, aujourd'hui, qui ne donne prise à la fraude ou à l'erreur ?

Mais, dira-t-on, la corvée était un impôt odieux, contraire à la dignité de l'homme ? Nous répondrons : qu'est-ce donc que l'impôt actuel des prestations ? Etre contraint de travailler pour l'entretien des chemins vicinaux, n'est-ce pas être soumis à la corvée ? Etre contraint d'entretenir des digues, de curer les cours d'eau non navigables, parce qu'on est propriétaire riverain, n'est-ce pas être soumis à la corvée ? Au XXe siècle, le contribuable plaint les corvéables d'autrefois, sans s'apercevoir qu'il l'est lui-même !

Quant aux pendaisons auxquelles on fait allusion dans le texte cité, il y a peut-être quelques cas de ce genre. Qu'est-ce que cela prouve ? Tout simplement qu'il y eut, à cette époque comme à la nôtre. quelques maîtres fantasques et cruels. Si nous voulions répondre du tac au tac, nous pourrions citer tel préfet de la troisième République qui péchait la truite en temps prohibé, avec l'aide des gendarmes. Est-ce à dire que les historiens de l'avenir pourront en conclure que tous les préfets firent de même ? Non. Pareillement, les maîtres, au moyen-âge, fussent-ils, en général, ce qu'on dit ? Non plus. Ou bien, qu'on nous apporte des preuves, et qu'on ne se contente pas de simples affirmations.

Sur la situation du paysan au moyen-âge, nous ajouterons une remarque à laquelle la loi du 10 avril 1908 sur la petite propriété rurale donne un cachet d'actualité. Cette loi a reçu l'approbation de tous les Français, parce qu'elle permet à tout cultivateur d'acquérir, grâce au concours de l'Etat, un petit domaine qui lui permettra de fonder une famille et de vivre honnêtement. — Mais tout en reconnaissant qu'elle réalise un progrès réel, nous ferons observer qu'elle n'est qu'un retour bien imparfait vers un état de choses existant au moyen-âge. A cette époque, en effet, les pauvres, les déshérités possédaient une part de la richesse nationale, dont ils ne pouvaient être dépouillés. Il n'y avait pas un village où le chef de famille ne participât, sous une forme ou sous une autre, à la richesse terrienne qui constituait presque l'unique richesse. Quand le bois manquait, il allait dans la forêt ; il en coupait ; c'était *l'affouage* ; quand il voulait paître sa vache, il avait la banalité de la *pâture* ; quand il voulait un jardin, il défrichait sa portion du « bien communal » ; quand sa maison avait besoin d'être reconstruite ou réparée, il tirait des pierres à la carrière qui était la propriété de tous et de chacun, et prenait le bois de charpente à la forêt commune ; quand il voulait se procurer des meubles, des chars, charrues ou autres instruments agricoles, la communauté lui fournissait le bois. — Ces biens communs, dont le régime municipal du XIIᵉ siècle avait assuré la jouissance aux travailleurs des champs, étaient héréditaires et insaisissables.

Ne trouvez-vous pas que le « manant » de ce temps-là était tout de même un peu plus heureux et vivait dans une aisance plus réelle que le fier citoyen d'aujourd'hui ?

V. — « *L'Eglise qui n'avait affranchi aucun de ses serfs*
« *malgré sa douceur relative à leur égard, fut*
« *surtout atteinte par l'établissement des communes.*
« *C'est contre les évêques et les abbés que les popula-*
« *tions luttèrent le plus.* » — (GALVET.)

« *Au lieu de compter sur l'aide de Dieu et de l'Eglise,*
« *les habitants des villes ne tardèrent pas à s'affran-*
« *chir eux-mêmes du joug des seigneurs. Ils fondè-*
« *rent les communes.* » — (BROSSOLETTE.)

L'Eglise enseigne que les hommes, égaux devant Dieu, doivent s'aimer les uns les autres, comme les fils d'un même Père qui est au ciel ; qu'ils ont un seul maître, Dieu ; que les plus grands parmi eux doivent se considérer comme les serviteurs des plus petits (Evangile selon S. Mathieu, ch. 23). Elle ne pouvait donc pas, sans se contredire, ne pas appliquer ses principes dans la vie sociale. Aussi favorisa-t-elle de toutes façons, l'affranchissement des serfs.

Elle affranchit les siens. Guérard, dans son Polyptyque, donne de nombreux exemples d'affranchissement par l'Eglise (1).

Elle leur ouvrit la carrière des dignités ecclésiastiques. Elle en fit des prêtres et même des évêques ; et l'on put voir ces fils de serfs siéger, à la cour de Charlemagne, à côté des ducs et des comtes.

Nous trouvons d'ailleurs. dans les formules d'affranchissement, une preuve irrécusable de l'influence salutaire de l'Eglise touchant le sort des serfs. « La plupart de ces formules, dit Guizot (2), se fondent sur un motif religieux ; c'est au nom des idées religieuses, des espérances à venir, de l'égalité religieuse des hommes, que l'affranchissement est toujours prouvé. »

---

(1) On dit parfois que l'Eglise avait gardé l'esclavage jusqu'au XVIIIe siècle dans les couvents d'Auvergne où elle pouvait se cacher à l'abri des regards de la civilisation. — Rép. : M. A. Tardieu, dont la science est incontestable, affirme qu'après de longues années d'études, de patientes recherches dans les chartiers de la région auvergniate, il n'a jamais rencontré un document pouvant prouver qu'il existait des esclaves ou des serfs au XVIIIe siècle dans les domaines des couvents et abbayes d'Auvergne.

(Réponse à *l'Intermédiaire des Chercheurs*).

(2) *Histoire de la Civilisation en Europe*, 6e leçon.

Les faits parlent si haut qu'ils arrachent à nos adversaires des aveux significatifs. Ecoutez l'historien protestant Macaulay (1) : « C'est au témoignage irréfragable de sir Thomas Smith, l'un des plus habiles conseillers protestants d'Elisabeth, que nous devons de savoir quelle grande part les ecclésiastiques catholiques romains eurent à l'abolition du vilenage. »

Ecoutez Voltaire (2) : « L'homme qui, au moyen-âge, mérite le plus du genre humain, ce fut le pape Alexandre III. C'est lui qui, au concile de Latran, en 1167, abolit la servitude... Si les hommes sont rentrés dans leurs droits, c'est principalement à Alexandre III qu'ils en sont redevables. »

— Ecoutez le socialiste belge E. de Laveleye (3) : « Quoi qu'en disent les ennemis du Christianisme, c'est incontestablement de l'Evangile qu'est sorti ce mouvement d'émancipation des classes inférieures qui, après avoir détruit peu à peu l'esclavage et le servage, a fait proclamer l'égalité. »

Une des conséquences immédiates de cette action de l'Eglise fut l'établissement des communes.

Quand la féodalité devint oppressive, l'Eglise fonda l'association de la *Paix* pour organiser le peuple. Les membres de cette association juraient de se protéger mutuellement, de défendre les femmes, les faibles, les paysans, les marchands. Tous les hommes, à partir de douze ans, devaient prêter serment à l'association. « Ce serment, dit M. Demolins (4), répété d'un bout de la France à l'autre, rallia le peuple ; il avait pour lui le droit, l'Eglise le lui disait ; et il eut la puissance par l'association. » Il fut désormais à l'abri des entreprises et de la violence des seigneurs.

C'est de là que date l'origine des communes ; origine tout ecclésiastique, comme on le voit. Et cette expansion de la liberté, l'Eglise n'essaya pas de l'arrêter. C'est au pied des autels que se concluaient les accords entre les communes et leurs seigneurs ; c'est la main sur les saints Evangiles que les seigneurs et les consuls des communes échangeaient leurs serments.

Aussi, peut-on affirmer en toute vérité que la liberté politique fut en raison directe de l'action de l'Eglise. « L'in-

(1) *Histoire d'Angleterre.* Introduction.
(2) *Essai sur les mœurs.*
(3) *Le socialisme contemporain*, c. 7.
(4) *Histoire de France.*

fluence des évêques sur les affaires intérieures des villes, dit Aug. Thierry (1), fut un moyen de conservation pour l'indépendance municipale et la plus forte garantie de cette indépendance. »

VI. — « *Au moyen-âge, nos pères ignoraient ce res-* « *pect de leur corps que l'on trouve actuellement dans* « *toutes les classes de la société.* » — (CALVET).

Ceci est une réminiscence de la célèbre formule de Michelet : *pas de bain pendant mille ans !* Mais il y a long-temps que la critique a fait justice de ce mensonge histo-rique ; M. Calvet devrait le savoir.

Il est établi maintenant que les bains étaient une des ins-titutions les plus populaires du moyen-âge ; il n'y avait pas de ville, si petite fut-elle, qui n'eût ses étuves ; en 1292, il y avait à Paris 26 étuves publiques, sans compter les bains privés dont était pourvue chaque maison de quelque impor-tance.

C'était l'usage d'offrir un bain à ses visiteurs. Les grands seigneurs ne voyageaient jamais sans leur baignoire ; et ce qu'on appelle aujourd'hui le pourboire s'appelait alors l'ar-gent du bain.

Les bains publics étaient sévèrement réglementés ; les piscines étaient séparées, l'eau devait être très propre, et chauffée au gré du client.

Les choses allèrent ainsi jusqu'à la Renaissance, qui laissa peu à peu tomber en désuétude les habitudes de pro-preté du moyen-âge pour y substituer une négligence allant jusqu'à la plus répugnante saleté.

Ce sont là des vérités acquises à l'histoire : tant pis pour celui qui les ignore, et surtout pour celui qui colporte en-core aujourd'hui le contraire (2).

---

(1) *Considérations sur l'histoire de France.*
(2) Godefroid KURTH. *Qu'est-ce que le moyen-âge ?* p. 28.

CHAPITRE III

L'EGLISE ET PHILIPPE LE BEL

1. — *« L'Eglise ne voulait pas se soumettre aux lois ;
« elle avait ses tribunaux particuliers et refusait de
« payer les impôts que Philippe le Bel levait. »* —
(CALVET).

*« Philippe le Bel voulut demander de l'argent au clergé.
« Le clergé résista et le pape excommunia Philippe
« le Bel. »* — (DEVINAT.)

Il est des lois auxquelles on a le devoir de ne pas obéir ;
ce sont les lois injustes et tyranniques. En refusant de se
soumettre à ces lois, l'Eglise ne faisait que son devoir. En
résistant aux caprices de celui que l'historien Duruy appelle
« le plus despotique de nos rois » et que M. Devinat qua-
lifie de « tyran injuste » (68), l'Eglise se faisait le champion
de la liberté contre l'absolutisme.

Il est étonnant que des auteurs qui n'ont pas assez d'encre
pour célébrer nos libertés modernes se fassent parfois les
défenseurs de tyrans tels que Philippe le Bel. On reconnaît
que « ce roi eut recours à des moyens malhonnêtes pour
accroître ses ressources, qu'il leva des impôts qui prirent à
ses sujets jusqu'au cinquième de leurs revenus. » (Calvet,
p. 41) ; on avoue que « Philippe s'était fait faux-monnayeur,
refusait de payer ses dettes, chassait les Juifs et volait leurs
biens. » (Devinat, 68), et l'on reproche à l'Eglise d'avoir
fait entendre des protestations et d'avoir pris hardiment la
défense du peuple opprimé !

On reconnaît que « dans la lutte avec le Pape, Philippe
le Bel employa des procédés détestables, qu'il falsifia des
écrits qui lui étaient adressés, qu'il y mit des insultes imaginaires, qu'il accusa le pontife de crimes invraisemblables... » (Calvet, 41), et l'on voudrait que Boniface
VIII eût accepté tout cela de bonne grâce ! On gémit sur le
sort des anciens esclaves, et l'on approuve un prince qui,
par son absolutisme, tend à ramener le peuple à l'esclavage ! C'est inconcevable !

D'ailleurs, il n'est pas vrai que le clergé ait refusé au roi l'argent dont il avait besoin, témoins ces mots que le pape écrivit à Philippe : « Nous vendrions plutôt les calices de nos sanctuaires que de souffrir la déchéance d'un royaume qui est le premier de la chrétienté. » Ce qu'il refusa ce fut l'impôt *forcé*.

II. — « *Pendant les siècles qui suivirent l'établisse-*
« *ment du régime féodal, des hérésies se produisent*
« *dans le Midi. L'Eglise veut les réprimer par la*
« *force. Le pape Innocent III prêche contre les*
« *Albigeois une véritable croisade que dirige un*
« *Seigneur du Nord, Simon de Montfort.* » (CALVET.)

Cette question des Albigeois a été récemment étudiée par un historien de premier ordre, étranger aux croyances religieuses, Achille Luchaire, professeur à l'Université de Paris. Or, M. Luchaire ne parle pas comme M. Calvet. Chez lui, pas d'affirmations simplistes dans le genre de celle-ci : « L'Eglise veut réprimer les hérésies par la force ! » Voici le résultat de ses études : Il y avait plus d'un siècle que la doctrine albigeoise se propageait dans les provinces du Midi quand Simon de Montfort se présenta avec ses croisés devant Béziers (1208). Pendant cette longue période, l'Eglise n'avait eu recours qu'aux armes de la persuasion. Raoul Ardent (1101), Saint Bernard (1153), avaient parcouru les provinces du Midi, démasquant l'erreur et sollicitant le zèle des pasteurs. Leur parole ne fut pas écoutée. Ce que voyant, Raymond V de Toulouse écrivit en 1177 à l'abbé de Citeaux : « Le glaive qui frappe le corps donnera seul aux hérétiques un salutaire avertissement. » L'appel à la force partait ainsi du pouvoir séculier.

L'Eglise n'entra pas dans les vues de Raymond V. Pendant 30 ans encore, elle recherche par des moyens pacifiques la conversion des hérétiques. Le pape Innocent III écrivit lettres sur lettres (plus de 3.400), pour exhorter les prêtres à faire leur devoir. Par ses ordres, des religieux cisterciens parcoururent les contrées infestées ; à leur tête étaient les légats Arnaud et Pierre de Castelnau. Après sept ans de prédication, de conférences publiques et contradictoires, de travaux de toute sorte, ces missionnaires n'avaient encore rien obtenu, lorsque l'évêque d'Osma, accompagné de Saint-Dominique, vint les rejoindre. Il persuada aux lé-

gats de renoncer au luxe, d'aller nu-pieds et pauvrement
vêtus. Lui-même et son compagnon donnèrent l'exemple.
Alors, des conversions s'opérèrent. Furieux, les hérétiques
firent assassiner Pierre de Castelnau, légat du pape.

C'était un cas de guerre. La croisade devenait légitime et
presque nécessaire. Innocent III la fit prêcher.

La répression fut cruelle. Mais sur ce point faut-il incri-
miner l'Eglise ? La loyauté scientifique de M. Luchaire
dégage entièrement les responsabilités. Il nous montre le
pape rappelant les croisés à la modération, prévenant les
cruautés et les spoliations. Il affirme que, lorsque les massacres étaient ordonnés à Béziers et que Raymond VIII
était dépouillé au profit de Simon de Montfort, le légat et
Simon étaient en opposition formelle avec le Saint-Siège.
Ce serait donc faire acte de mauvaise foi que de vouloir
rendre l'Eglise responsable d'actes qu'elle a blâmés et ré-
prouvés.

La croisade, motivée par le meurtre du légat, fut d'ailleurs une mesure de défense sociale. La doctrine albigeoise
et la conduite de ses adeptes ne tendait à rien moins qu'à
détruire la société civile. C'est la remarque que fait un historien distingué, M. Vacandard (1) : « En poursuivant le
catharisme, l'Eglise remplissait un office de salubrité publique, et l'Etat n'avait qu'à lui prêter main forte, s'il ne
voulait pas périr lui-même avec tout l'ordre social. »

III. — « *Tuez-les tous : Dieu saura reconnaître les
« siens !* » — (DEVINAT, AULARD.)

Si l'on en croit le manuel Aulard et Debidour, les croisés,
avant de donner l'assaut, auraient demandé au légat du
pape comment ils pourraient discerner les habitants catholiques de Béziers pour épargner leur vie ; à quoi le ministre du Dieu de paix aurait répondu : « Tuez-les tous ; Dieu
saura reconnaître les siens ! »

On est étonné que M. Aulard se fasse encore le colporteur
de cette légende. L'étude impartiale des documents originaux permet de rejeter, sans hésitation, l'authenticité de
cette réponse de sang ; le légat n'a jamais prononcé cette

(1) *L'Inquisition*, p. 123. — Le protestant Léa fait la même remarque : « Si l'albigéisme avait triomphé, l'Europe serait retournée
à la barbarie ! »

parole. Nous avons, sur la guerre des Albigeois, quatre récits contemporains qui émanent des différents partis aux prises dans cette terrible guerre. Or, aucun de ces quatre récits ne rapporte la parole du légat.

Le premier écrivain qui a raconté ce fait est un moine allemand, Césaire de Heisterbach, qui vivait à deux cents lieues du théâtre des événements et qui écrivit vingt ans plus tard. Son récit est accompagné de circonstances manifestement fantaisistes ; d'ailleurs, l'auteur a soin de faire observer que tout repose sur des *on dit*, et il attribue le mot, non au seul légat, mais à tous les chefs de la croisade. Son témoignage peut donc être considéré comme nul.

Malgré cela, on trouvera toujours des gens capables d'exploiter ce mensonge contre l'Eglise !

On dira peut-être que « si le mot n'a jamais été prononcé, il répondait certainement à l'état d'esprit du légat. » — Ce serait encore une accusation gratuite, car le légat n'a pas pris une part directe au sac de la ville. Celle-ci fut emportée par surprise. Pendant que le conseil de l'armée croisée, et le légat par conséquent, délibéraient avec l'évêque de Béziers, dont les habitants repoussaient l'intervention conciliatrice, les assiégés firent une sortie pour insulter le camp de leurs adversaires. Les valets d'armée, les « ribauds », leur répondirent, les mirent en déroute, et entrèrent à leur suite dans la ville qui, ne se croyant pas en danger d'assaut, se gardait mal. Béziers était virtuellement prise quand le gros de l'armée vint se joindre à la valetaille victorieuse.

Cet incident explique le carnage. Maîtres de la ville, les valets d'armée ne connurent aucun frein à leur instinct de cruauté : 7.000 habitants qui s'étaient réfugiés dans l'église Saint-Nazaire, y furent massacrés sans merci.

Le légat ne peut être rendu responsable de ces meurtres, qu'il ne dut pas connaître avant leur accomplissement.

(Voir *Revue pratique d'Apologétique*, t. I, p. 510)

IV. — « *La domination intolérante de l'Eglise (au*
    « *moyen-âge) ne fut pas toujours bienfaisante... Les*
    « *Juifs, comme les Albigeois, furent souvent l'objet*
    « *des pires violences : traqués, pillés, chassés, mas-*
    « *sacrés en masse, ils menèrent pendant des siècles*
    « *une existence misérable : leurs ancêtres avaient mis*
    « *le Christ en croix !* » — (Rogie et Despiques.)

Tout cela est arrangé de manière à ce que l'enfant soit bien persuadé que les violences dont les Juifs ont été l'objet venaient de l'Eglise. C'est de la mauvaise foi. On sait que partout et toujours les Papes et les hommes éclairés, dans l'Eglise, ont protégé les Juifs contre la fureur populaire.

Saint-Grégoire-le-Grand, au VIe siècle, disait en parlant des Juifs : « La miséricorde de notre Dieu les a laissés vivre ; chassés de leur patrie, dispersés en tous les points du monde, ils portent le poids du sang rédempteur versé par leurs ancêtres. Tel est leur châtiment providentiel ; ce serait un crime épouvantable de les vouer à la proscription et à la mort. » Les actes de ce pontife étaient conformes à ses paroles. Il employait volontiers les Juifs dans les domaines de l'Eglise. Quelqu'un lui ayant écrit un jour qu'il se disposait à renverser une synagogue, Saint-Grégoire le lui défendit en disant : « Les Juifs inoffensifs qui vivent au milieu de nous, obéissant aux lois du pays, ne sauraient être traités en ennemis ».

Au XIe siècle, l'intervention du pape Alexandre II sauva les Juifs d'Espagne d'un massacre imminent, et voici en quels termes le Pontife se félicitait de cet heureux résultat : « Nous apprenons avec joie, écrivait-il aux Evêques espagnols, que vous êtes résolus à protéger les Juifs de vos provinces, menacés d'extermination par les chevaliers qui vont en votre pays combattre les Sarrasins. » Le même pape prit aussi la défense des Juifs de France. Il écrivit à ce sujet à Bérenger, vicomte de Narbonne : « Sache votre prudence, dit-il, que nous la félicitons des mesures efficaces prises par elle pour empêcher le massacre des Juifs fixés sur son territoire. »

Le pape Innocent III ne fut pas moins énergique dans ses paroles et dans ses actes en faveur des Juifs. (*Regist.* lib. II, ep. 302) ; et Innocent IV engagea Saint-Louis, partant pour la croisade, à défendre de les inquiéter dans tout son royaume.

L'Eglise ne fut donc pour rien dans les violences exercées contre les Juifs. Elles sont imputables aux populations elles-mêmes qui les détestaient, non « parce que leurs ancêtres avaient mis le Christ en croix », mais parce qu'ils pratiquaient l'usure. Au moyen-âge, d'après Math. Pàris (1)

______

(1) HURTER, *Inst. de l'Egl.*, t. III, p. 587.

ils exigeaient 60 pour cent ; on comprend sans peine que les emprunteurs ne fusent pas contents.

V. — « *Philippe le Bel fit si bien que les papes s'éta-*
« *blirent à Avignon et furent désormais, pour près*
« *d'un siècle, soumis aux volontés des rois de*
« *France.* » — (CALVET.)

Au moment où Clément V monta sur le trône pontifical, les papes ne se trouvaient en sûreté ni à Rome ni dans aucune autre ville d'Italie. Pour échapper aux gibelins, leurs ennemis qui dominaient dans la péninsule, le nouveau pontife ne crut pouvoir mieux faire que de se réfugier dans une ville française, qui lui appartenait en pleine souveraineté et où il était sûr de n'être point inquiété. Cette considération suffit amplement à justifier sa conduite ; il n'est pas nécessaire d'y voir une pression quelconque exercée par Philippe le Bel.

D'autre part, on exagère l'influence que les rois de France exercèrent sur les papes d'Avignon. Un simple fait le montrera. En 1308, Charles de Valois, frère de Philippe le Bel, était candidat à l'empire en même temps que Henri de Luxembourg. Malgré les sollicitations du roi de France, Clément V refusa de soutenir le prétendant français.

VI. — « *Contre ceux qui lui résistent, rois ou seigneurs,*
« *l'Eglise emploie l'excommunication* ». (DEVINAT).
— « *Les rois avaient affaire... aux évêques qui, soit*
« *en les excommuniant, soit en les faisant excommu-*
« *nier par le Pape, soit en frappant leurs sujets*
« *d'interdit, pouvaient amener ceux-ci à se révol-*
« *ter* ». — (AULARD et DEBIDOUR).

MM. Aulard et Debidour accompagnent leurs affirmations d'une gravure où l'on voit, dans le cimetière, les cadavres sans sépulture et les croix renversées. Or, il n'est pas vrai qu'on renversât les croix et qu'on défendît d'enterrer les morts. (Voir Digard : *Les Registres de Boniface VIII*).

Examinons maintenant les faits. Henri IV d'Allemagne a opprimé la Saxe, volé les biens d'Eglise et fait déposer le pape par le concile de Worms ; le Souverain Pontife Gré-

goire VII l'excommunie et l'interdit. — Philippe Ier, roi de
France, affiche publiquement ses scandales domestiques ;
Urbain II l'excommunie. — Frédéric Ier d'Allemagne, répudie sa femme légitime pour en épouser une autre ;
Alexandre III, après lui avoir adressé des avis paternels,
lance contre lui une sentence d'excommunication. — Phi-
lippe-Auguste, roi de France, répudie son épouse Ingel-
burge, pour prendre Agnès de Méranie ; Innocent III interdit le coupable. — Boleslav de Pologne se fait le meur-
trier de saint Stanislas ; il encourt les censures de l'Eglise.
— Henri VI d'Allemagne massacre les Siciliens et retient
prisonnier Richard Cœur de Lion ; Célestin III l'excommunie. — Pendant la querelle des Investitures, plusieurs
empereurs d'Allemagne encourent la même peine, comme
spoliateurs de l'Eglise.

On le voit, les princes étaient condamnés comme adul-
tères, spoliateurs de biens d'Eglise, tyrans et meurtriers.
C'était une question purement pénitentiaire ; les rois, les
empereurs étaient soumis aux mêmes obligations que les
simples fidèles ; s'ils commettaient les mêmes fautes, ils
devaient encourir les mêmes peines. Comme le dit Innocent III, le « pape s'occupait du péché et non de la souveraineté ».

Mais, parfois, le pape allait plus loin. Quand l'excommunication ne suffisait pas, il jetait l'interdit sur le royaume
des coupables. — C'est qu'alors son intervention dans les
affaires politiques était admise et souvent sollicitée par les
peuples ; ce n'était donc pas, de la part du Souverain Pontife, une incursion abusive dans les choses temporelles.
« L'Eglise, dit à ce propos A. Thierry, placée à la tête des
Etats européens, par la confiance universelle des peuples,
n'a rien usurpé. Jamais puissance ne fut plus légitime et ne
produisit de plus heureux résultats » (1). — « L'action temporelle de l'Eglise, au moyen-âge, dit le protestant Guizot (2);
a été le plus grand bienfait que le Ciel ait accordé au monde... Elle sauva la civilisation et la liberté, en sauvant l'indépendance de l'Eglise et des consciences ».

(1) *Le Monde*, 17 janvier 1872.
(2) *Histoire de la Civilisation*, 5e leçon.

VII. — « *Avant François 1ᵉʳ, il était de règle de com-*
« *battre tous les peuples qui n'étaient pas chrétiens :*
« *à preuve les croisades* ». — (Calvet).

Ainsi, d'après notre auteur, la seule raison pour laquelle on fit les croisades, ce fut que le peuple turc n'était pas chrétien.

Or, si l'on se reporte à la page 25 du même manuel, on y lit exactement le contraire. « Ceux qui dirigèrent les croisades, dit M. Calvet, obéirent à une pensée politique. Depuis la bataille de Poitiers, l'Europe avait toujours eu à craindre une invasion musulmane. Le peuple turc, fort et hardi, était animé de l'esprit de conquête. On pouvait craindre qu'il n'attaquât l'Europe. Le meilleur moyen de prévenir son attaque, c'était justement d'aller le combattre en Orient, avant qu'il fût devenu trop redoutable. C'est ce que pensèrent les chefs des croisades. »

Ici, la raison pour laquelle on fit les croisades, c'est que le peuple turc était devenu un danger pour l'Europe. C'est la principale à notre avis. — Dès lors, n'y a-t-il pas quelque mauvaise foi à écrire quelques pages plus loin, que l'on fit les croisades pour combattre un peuple qui n'était pas chrétien et *uniquement* parce qu'il n'était pas chrétien ?

Mais la contradiction et la mauvaise foi ne gênent pas notre auteur. Il lui suffit que les enfants gobent la pilule !

CHAPITRE IV

JEANNE D'ARC

1. — « *Le tribunal qui jugea Jeanne en 1431 était un*
« *tribunal ecclésiastique pareil à tous ceux qui alors*
« *instruisaient les procès de foi. Conclusion : Jeanne*
« *d'Arc a été brûlée par les prêtres* ». — Ainsi parlent MM. Brossolette (39), Rogie (54), Aulard (38), Guiot (66).

Ils énoncent une erreur monstrueuse et profèrent un odieux mensonge. Les juges de ce tribunal ne représeniaient pas l'Eglise et ils agirent contrairement aux lois de l'Eglise.

1o *Les juges ne représentaient pas l'Eglise.* — Pierre Cauchon était si peu représentant de l'Eglise qu'il était en lutte avec le pape ; en 1431, au concile de Bâle, il travaillait à faire déposer le Souverain Pontife Martin V. De plus, en ouvrant contre la Pucelle, sans cause légitime, un procès inquisitorial, il avait encouru l'excommunication portée par le droit et s'était mis hors de l'Eglise.

Quant au moine Lemaître, vicaire de l'Inquisiteur, il fut, lui aussi, excommunié (troisième enquête pour la réhabilitation, art. VIII). D'ailleurs, il ne fut là que pour la forme. A la dénonciation contre Jeanne, le grand Inquisiteur ne répondit point. Pareillement, lorsque Cauchon le somma d'assister au procès, il fut introuvable. Son vicaire, forcé d'intervenir par les autorités anglaises, fit entendre, dès la veille du procès, une protestation basée sur le fait qu'il ne possédait pas les pouvoirs suffisants. Aussi il ne siégea point en vertu de son titre, ne se mêla point au procès, se tint coi, sauf pour se plaindre : « Je vois, dit-il (1), que si l'on ne procède pas, en tout cela, selon la volonté des Anglais, c'est la mort qu'il faut redouter ». Voici comment un historien, collaborateur de M. Lavisse, apprécie son rôle : « Le procès de Jeanne d'Arc fut fait par l'évêque de Beauvais et non par l'inquisiteur de France. Le vice-inquisiteur ne siégea à Rouen que pour la forme ». (2)

2o *Les juges agirent contre les lois de l'Eglise.* — Le procès de Rouen ne fut qu'en apparence un procès en matière de foi. Les Anglais voulaient déshonorer Jeanne d'Arc et se débarrasser d'elle. Ils s'arrangèrent pour obtenir une condamnation qui eut l'air d'émaner de l'Eglise. Mais le tribunal présidé par Cauchon, bien loin de suivre les règles précises que les papes avaient imposées aux tribunaux ecclésiastiques de l'Inquisition, les foula impudemment aux pieds. Voici les principales infractions aux règlements inquisitoriaux et aux lois de la justice, commises par les juges de Rouen :

Prisonnière, Jeanne fut conduite à Rouen et enfermée dans le Vieux-Château, sous la garde de soldats anglais.

(1) *Procès*, t. I., p. 153.
(2) LAVISSE, *Hist. de France*, t. IV, fasc. 5, p. 58.

Incriminée d'hérésie, elle aurait dû être détenue dans une prison ecclésiastique : *première illégalité*.

Lorsque, le 19 février 1431, la Pucelle fut citée pour le lendemain, elle récusa Cauchon comme étant son ennemi. Celui-ci répondit : « Le Roi a ordonné que je fasse votre procès, je le ferai. » : *deuxième illégalité*.

Elle demanda alors que Cauchon choisit ses assesseurs moitié dans le parti de France, moitié dans le parti d'Angleterre ; les assesseurs furent tous choisis parmi les partisans de la cause anglaise. Le tribunal tint séance au château, sous la surveillance des Anglais. Le roi Henri IV, l'évêque Winchester, son grand' oncle, le comte de Warwick, son gouverneur, étaient là pour réchauffer le zèle des juges et pour les menacer s'ils n'aboutissaient pas à une condamnation : *troisième illégalité*.

Les informations préparatoires faites à Domrémy étant favorables à Jeanne d'Arc, Cauchon les passa sous silence et les omit dans le procès-verbal. Il en fut de même de l'examen que deux matrones firent subir à la Pucelle ; selon le droit, les résultats de cette enquête, concluant à la virginité de Jeanne, suffisaient à ruiner l'accusation : *quatrième illégalité*.

Un avocat aurait pu relever ces oublis. Cauchon avait refusé un conseil à l'accusée. De plus, mineure, elle aurait dû avoir un curateur pour la guider et prendre sa défense ; ce curateur ne lui fut pas accordé. *Cinquième illégalité*.

Jeanne s'est montrée invincible dans les séances publiques, Cauchon les remplaça par des interrogatoires secrets, dans la prison, devant un petit nombre d'assesseurs. *Sixième illégalité*.

Les débats furent clos le 23 mai. Pour que Jeanne pût être livrée au bourreau, il fallait qu'elle refusât solennellement d'abjurer les erreurs qu'on lui imputait, ou bien, qu'après avoir abjuré, elle rétractât son abjuration ; dans ce dernier cas, elle était relapse et définitivement perdue. Le 24 mai, elle fut donc conduite au cimetière de Saint-Ouen, pour l'acte d'abjuration. D'après le droit, l'abjuration ne devait jamais avoir lieu par surprise ; l'accusé et le public même devaient en être avisés à l'avance. De plus, les juges devaient éclairer l'accusé sur toutes les conséquences que pouvait avoir l'acte d'abjuration. Il leur était absolument défendu de profiter de l'ignorance, de se servir de fraudes, menaces, promesses fallacieuses. Or, ces règles furent impudemment violées au cimetière de Saint-Ouen. Cauchon fabriqua ou fit fabriquer deux formules d'abjuration. L'une fut prononcée par la Pucelle ; elle contenait environ six lignes ; il n'y était pas question d'hérésies, d'erreurs ou de voix ; Jeanne promettait simplement « de ne plus porter des armes à l'avenir, ni des habits d'homme, ni les cheveux courts. » Cette formule ne constituait donc pas une abjuration. — L'autre, contenant environ 60 lignes, en constituait une. Cauchon, dans le procès officiel, substitua frauduleusement celle-ci à celle que Jeanne avait lue et signée. Ce fut une *monstrueuse illégalité*.

Le procès aboutit quand même à une sentence d'absolution. Les Anglais, mécontents, injurièrent l'évêque de Beauvais. Le comte de Warwik se plaignit. « Les affaires du roi vont mal, dit-il ; cette fille nous échappe. » « Seigneur, n'ayez cure, répondit Cauchon, nous la rattraperons bien. » L'indigne prélat avait tout préparé pour un procès de rechute ; selon lui, il suffisait de provoquer Jeanne à reprendre l'habit d'homme. La provocation eut lieu ; la Pucelle dut reprendre l'habit d'homme, pour défendre sa pudeur. D'après Cauchon, le cas de relapse était posé ; le procès de rechute allait commencer.

Toutes les illégalités du premier procès se répétèrent dans le second ; et, de plus, il y en eut de propres à ce dernier.

La séance eut lieu le 29 mai. Cauchon affirma aux 42 assesseurs présents que Jeanne avait violé ses engagements et qu'elle était relapse ; il les trompait. Les assesseurs soupçonnaient la fraude. *Quarante* d'entre eux demandèrent qu'on lût de nouveau, en présence de l'accusée, la formule d'abjuration insérée au procès. L'évêque de Beauvais passa outre sans le moindre scrupule, et Jeanne fut brûlée le lendemain, sans avoir jamais connu un seul mot de la pièce qui avait motivé sa condamnation.

Conclusion : 1° Le procès de Jeanne d'Arc ne fut pas « un procès dans les formes habituelles de l'Inquisition romaine ». Les violations du droit que nous venons de signaler — et nous pourrions en relever beaucoup d'autres — montrent suffisamment combien les juges de la Pucelle se sont départis des règles concernant les jugements ecclésiastiques ;

2° Ce n'est pas l'Eglise qui l'a condamnée. Les juges de

Rouen étaient en rupture avec le Pape ; il y a une injustice flagrante à confondre avec l'Eglise des hommes excommuniés et vendus à l'Angleterre. D'ailleurs, Jeanne elle-même en est témoin : « Elle refusa de s'en rapporter à la détermination de l'Eglise.... parce que *l'Eglise dont on lui parlait,* ce n'était pas l'Eglise, *c'était ses juges.* » (1)

Aux fêtes célébrées à Rouen, en l'honneur de la Bienheureuse Jeanne d'Arc, M. Clarke, maire d'Hastings, a dit que « la nation anglaise regrettait profondément l'acte commis en 1431 ». Puis, il a ajouté : « Les Anglais connaissent, en ce qui concerne Jeanne d'Arc, leur histoire beaucoup mieux que les Français : *ce n'est pas le clergé qui a brûlé* Jeanne d'Arc ; *ce sont les Anglais.* »

Quelle leçon donnée à certains auteurs de manuels d'histoire mis entre les mains de nos enfants !

II. — « *Jeanne prit pour un ordre de Dieu les appels*
« *de son cœur.* » (CALVET). — « *Jeanne crut en-*
« *tendre des voix.* » (GAUTHIER). — « *Jeanne en-*
« *tendit comme des voix de saints et de saintes qui*
« *lui ordonnaient de rendre au roi légitime son*
« *royaume. C'était l'ardeur de son patriotisme et*
« *l'amour du souverain et du peuple qui se manifes-*
« *taient chez elle sous une forme religieuse.* » —
(ROGIE).

Cela revient à dire que Jeanne était une hallucinée. Or, cette affirmation est contraire aux données de la science et de l'histoire :

La science nous dit que l'halluciné a un tempérament maladif, un cerveau détraqué. Or, Jeanne est une robuste paysanne, saine de corps et d'esprit, un caractère positif, une nature harmonieuse et bien équilibrée.

La science nous dit que l'hallucination aggrave le désordre mental d'où elle procède. Or, Jeanne apparaît de plus en plus avisée et intelligente ; elle montre un génie militaire d'autant plus grand qu'elle a plus de visions.

La science nous dit que l'hallucination abaisse le caractère, pervertit le cœur et développe l'orgueil, la vanité, l'égoïsme, la dureté ; la manie du mensonge, la fourberie.

(1) E. LAVISSE, ouv. cit.

Or, plus Jeanne est en contact avec ses anges, plus elle montre une âme exquise et délicate, un cœur tendre et dévoué.

La science nous dit que l'hallucination, si elle exalte pour quelque temps la sensibilité et enflamme le courage à l'heure du succès, les laisse retomber plus lourdement et plus bas, à l'heure du revers. Or, Jeanne est d'autant plus forte et plus héroïque que l'épreuve pour elle devient plus rude et le malheur plus écrasant.

La science nous dit que l'hallucination est soumise à la loi des milieux. Or, à une époque où tout le monde était abattu, Jeanne montre constamment une confiance invincible et un courage à toute épreuve.

La science nous dit que l'hallucination n'apprend rien de nouveau à ses tristes victimes, qu'elle leur offre seulement du déjà vu, du déjà connu, des souvenirs mal rapiécés par l'imagination. Or, les visions de Jeanne lui révèlent des choses qu'elle ne pouvait savoir humainement, les secrets des cœurs et les secrets de l'avenir.

La science nous dit enfin que l'hallucination est stérile. Or, les visions de Jeanne sont fécondes : elles ont engendré le salut et la fortune de la France. (1)

Elle a donc bien vu ses amis du ciel ; elle a donc bien entendu leurs voix ; c'est la science et l'histoire qui le prouvent. Et l'on ne peut pas se contenter de dire qu'elle a « pris pour un ordre de Dieu, les appels de son cœur ».

CHAPITRE V

RENAISSANCE ET RÉFORME

1. — *« Les hommes d'autrefois croyaient qu'il fal-*
« lait dompter la nature par les coups et les priva-
« tions..... A cette éducation bizarre, absurde, la
« Renaissance opposera une éducation sans contrain-
« te, propre à développer à la fois le corps et l'es-
« prit. » — (CALVET).

Cette réflexion est sans doute un coup de pied à l'adresse

(1) Ces idées sont admirablement exprimées par l'abbé Coubé dans un discours prononcé à Paris le 18 avril 1909.

de la mortification chrétienne. Est-elle au moins scientifi-
quement motivée ? Non. Une mortification corporelle modé-
rée, non seulement trouve grâce près des meilleurs psy-
chologues modernes, mais encore est fortement recomman-
dée. Les travaux de Wundt, de William James, de Taine
et de Ribot, démontrent qu'en pédagogie comme en morale, on ne peut compter sur le corps qu'en comptant d'a-
bord avec lui. Tout le monde répète que, pour faire l'éducation de la volonté, il faut savoir dompter ses sensations.
Spencer écrit : « Le sacrifice de soi n'est pas moins pri-
mordial que la conservation de soi. » Max Nordau avoue
que la civilisation a eu pour grand objectif de « dompter la
concupiscence », et d'élever l'homme au-dessus « du car-
nassier voluptueux » ; — « le progrès, dit-il, est l'effet d'un
asservissement toujours plus dur de la bête dans l'homme,
d'un refrènement de soi même toujours plus sévère. » William James soutient que « seul l'ascétisme peut restaurer
dans nos sociétés affaiblies moralement l'antique héroïsme
qui élevait l'homme au-dessus des platitudes de la vie bour-
geoise. » M. Payot lui-même, dans l'*Education de la volonté*, recommande, peut-être sans le savoir, un grand
nombre des pratiques de l'ascétisme chrétien. Les méde-
cins s'en mêlent, et par leurs prescriptions d'hygiène et
par les actes de volonté qu'ils exigent, ce sont de vérita-
bles mortifications corporelles qu'ils imposent. De sorte
que « les hommes d'aujourd'hui (et les savants, s'il vous
plaît !), comme ceux d'autrefois, croient qu'il faut dompter
la nature. »

Quant à « l'éducation sans contrainte » de la Renaissance
on peut la juger à ses fruits, à ses résultats. Ils ont été ex-
posés avec impartialité par M. Baudrillart dans un ouvrage remarquable, *L'Eglise catholique*, la *Renaissance*, le
Protestantisme. Nous ne saurions mieux faire que d'en citer une page qui les résume (30-31) : « Je ne puis oublier
tant de crimes, tant de vengeances atroces et raffinées,
tant d'assassinats payés, tant d'empoisonnements lâches et
perfides, unis à tant de vices ignobles, dont les prédicateurs aussi bien que les gens de lettres et les historiens me
révèlent le honteux secret ; et je ne puis que répéter les
aveux d'un Machiavel ou d'un Benivieni : « Oui, nous autres Italiens, nous sommes profondément irréligieux et dé-
pravés. » (MACHIAVEL, *Discorsi*, l. 1. c. 12). « Les iniquités
et les péchés s'étaient multipliés en Italie, parce que ce

pays avait perdu la foi du Christ… Les femmes elles-mêmes niaient la foi du Christ, et tous, hommes et femmes, re-
tournaient aux usages des païens, se plaisaient dans l'étude
des astrologues et de toutes les superstitions ». (Benivieni).

Maintenant je me rappelle l'aphorisme de Michelet :
« Suis la nature ! » Ce mot des stoïciens fut l'adieu de l'antiquité. — « Reviens à la nature ! » C'est le salut que nous
adresse la Renaissance. son premier mot. Et c'est le dernier
mot de la raison. » *(Renaissance, 482)*.

Et voici que ce dernier mot de l'antiquité, ce premier
mot de la Renaissance, et ce dernier mot de la raison, ont
abouti non seulement au vice, non seulement au crime,
mais à la superstition. à la foi aux esprits et aux sorcières,
c'est-à-dire à l'humiliation de cette raison elle-même qui
s'était divinisée !

Oh ! comme Taine se montre plus grand et plus juste
esprit que Michelet, lorsqu'il écrit, en parlant de ces ailes
du Christianisme, seules capables de soulever l'homme au-
dessus de lui-même : « Toujours et partout, depuis dix-huit
cents ans, sitôt que ces ailes défaillent ou qu'on les casse,
les mœurs publiques et privées se dégradent. *En Italie.
pendant la Renaissance* ; en Angleterre, sous la Restauration ; en France, sous la Convention et le Directoire, on
a vu l'homme se faire païen comme au premier siècle, du
même coup il se retrouvait tel qu'au temps d'Auguste et de
Tibère. c'est-à-dire voluptueux et dur ; il abusait des autres
et de lui-même ; l'égoïsme brutal et calculateur avait repris
l'ascendant, la cruauté et la sensualité s'étalaient, la société
devenait un coupe-gorge et un mauvais lieu ». (Taine, *Les
origines de la France contemporaine*, t. II, p. 118).

Nous ferons toutefois remarquer que tout n'est pas à
condamner dans la Renaissance. L'Eglise le sait plus que
personne, puisque c'est elle qui a marché à la tête de ce
mouvement. Cela est si vrai que cette époque a reçu le
nom de « siècle de Léon X »… et Léon X était un pape ! …

II. — *« Les croyants eux-mêmes se mirent à discuter
    « les prétentions d'une Eglise qui se disait infail-
    « lible et qui n'avait même pas su réformer les
    « mœurs de ses prêtres ».* — (Calvet).

Nous ferons d'abord remarquer à M. Calvet que l'infail-
libilité n'a rien à faire avec la réforme des mœurs ; le mot

« infaillible » (faut-il le lui apprendre ?) se dit de quelqu'un qui ne se trompe pas ; il ne suppose aucunement
chez lui le privilège de l'impeccabilité. Mais passons.

Que des réformes fussent nécessaires au XVe siècle, personne le conteste. Mais ce qui est contestable, c'est que
« l'Eglise n'ait pas su les opérer ». Si l'on étudie l'histoire
de cette époque, on voit que, dès la fin du XVe siècle, un
mouvement réformiste se dessine et va s'accentuant jusqu'au bout du règne de François Ier. Un personnage extraordinaire, Jean Standonck, en est l'âme. Des évêques,
Simon de Paris, Aubusson de Carcassonne, Luxembourg
du Mans, le prédicateur Maillard, grand remueur de
foules ; les abbés de Cluny, de Marmoutiers, de Château-
Landon ; des universitaires, propagent par leurs actes ou
par leurs écrits ses idées généreuses. Une assemblée du
clergé, convoquée à Tours en novembre 1493, examine par
quels moyens on parviendra à supprimer les abus qui
déshonorent l'Eglise de France. Et l'on se met à l'œuvre.
L'archevêque de Sens, les évêques de Paris, de Langres,
de Carcassonne, de Chartres, de Troyes..., etc., ramènent
l'ordre dans leurs diocèses ; les abbés de Cluny, de Citeaux, etc..., rétablissent la discipline dans leurs monastères. Avec le règne de Louis XII, le mouvement s'ac-
centue. Le cardinal Georges d'Amboise, ministre du roi et
légat du pape, en prend la direction. Grâce à lui, les Car-
mes, les Jacobins de Paris, les Cordeliers de Rouen, les
frères mineurs de Toulouse, les abbayes de Jouarre, de
Fontevrault, de Saint-Vincent du Mans, de Saint-Sulpice
de Bourges, de Saint-Sauveur à Orléans, et d'autres encore, sont réformés. Lui mort, le cardinal de Luxembourg
continue son œuvre d'épuration.

Ce qui se fait en France se reproduit ailleurs. Rome
elle-même ne reste pas en arrière. Le concile de Latran,
convoqué par le pape Jules II en 1512, inscrivit dans son
programme le vaste projet de « pacifier l'Eglise, déraciner
le schisme, et réformer les mœurs ».

Ainsi, l'Eglise travaillait à corriger les abus. Et si Luther
et ses adeptes n'étaient pas venus troubler son œuvre,
la réforme se serait accomplie sans bruit, pour le plus
grand bien des âmes et des nations.

Peut-être pourra-t-on trouver que l'Eglise n'a pas commencé assez tôt et qu'elle y a mis trop de lenteur. Mais ce
n'est pas sa faute. Les circonstances ont été telles que la

papauté s'est vue d'abord, et pour un temps considérable, obligée de concentrer ses efforts sur ce point : restaurer dans le monde occidental la véritable constitution de l'Eglise. Cette idée fondamentale et essentielle était combattue et ruinée par le fameux concile de Bâle, par les Universités qui enseignaient la subordination du pape au Concile, par les princes et les rois, ceux de France en particulier, qui cherchaient à rendre leurs Eglises indépendantes de Rome pour les subordonner au pouvoir civil.

Quand la papauté eut restauré cette idée et montré aux catholiques le vrai centre de l'unité, elle vit la chrétienté tout entière menacée par l'invasion musulmane. Les papes alors s'épuisèrent en vains efforts pour entraîner l'Europe à une Croisade et sauver la civilisation.

Puis, surgirent les discordes des Etats italiens. Pour protéger l'Etat pontifical, les papes durent consacrer une bonne partie de leur temps et de leurs ressources à la politique, ce qui fit passer chez eux au second plan les préoccupations d'ordre purement religieux.

Quand on aura pesé toutes ces raisons, on sera sans nul doute plus indulgent que M. Calvet sur la conduite de l'Eglise touchant les réformes à opérer dans son sein.

III. — « *On reproche aussi à l'Eglise d'avoir au com-* « *mencement du XVI° siècle vendu des indulgences.* » — (CALVET).

« *Luther tonna contre le trafic des indulgences.* » — (ROGIE ET DESPIQUES).

Que faut-il en penser ? Voici ce qui se passait à cette époque. Le pape Léon X voulait achever de bâtir la basilique de Saint-Pierre de Rome, la cathédrale du monde catholique ; il sollicitait de tous côtés des offrandes, et à ces offrandes, il avait attaché des indulgences.

Tous les catholiques savent que les indulgences peuvent être attribuées à une prière, à un exercice de piété, comme le chemin de la croix, à une œuvre de charité morale, comme d'enseigner le catéchisme, ou à un acte de charité matérielle comme une aumône d'argent. Ce n'est pas acheter une indulgence que d'en bénéficier, parce que nous avons donné de l'argent pour une œuvre, pas plus que nous n'ache-

tons le sourire du pauvre qui nous dit : merci, parce que
nous lui avons fait une aumône (1).

Il y avait donc des prédicateurs qui prêchaient ces indulgences, et exhortaient les chrétiens à répondre au désir du
Souverain Pontife. Qu'y avait-il là de si extraordinaire
pour Luther ? Professeur de théologie, le moine augustin
ne pouvait ignorer que c'était une pratique connue dans
l'Eglise d'attribuer des indulgences « à une visite d'église
ou à une aumône faite à cette église ». On prêchait ces indulgences au XVᵉ siècle, comme on le fit au temps de Luther. Ce n'était donc pas inusité, et personne n'avait l'idée
de dire que l'on *vendait des indulgences*.

Il semble bien difficile de croire que Luther ait été de
bonne foi, quand il prit occasion de la prédication des indulgences pour se révolter. Ce fut pour lui un simple prétexte, et sans l'intervention des princes allemands, qu'il
gagna à sa cause en flattant leurs cupidités et leurs
passions, ses discours fussent restés sans échos (2).

IV. — « *Le premier des réformateurs. Luther, moine*
    « *très pieux, ne songeait nullement à cesser d'être*
    « *catholique ; il voulait simplement une réforme de*
    « *l'Eglise, le retour à la pureté et à la simplicité*
    « *des premiers temps du Christianisme.* » —
    (CALVET).

« *Luther, moine très pieux, avait trouvé les messes*
    « *des prêtres trop courtes et leurs repas trop*
    « *longs.* » — (DÉVINAT).

(1) M. Imbart de la Tour, au t. II p. 265 de ses *Origines de la Réforme*, a fort bien établi que l'usage des indulgences rendit à la Société des services indéniables : « Dans la tourmente qui a duré plus
d'un demi-siècle, où tout a été détruit, l'Eglise a eu recours à cette
grande idée des œuvres satisfactoires comme au seul moyen capable de restaurer ses œuvres sociales. Elle n'a pas appliqué seulement
les dons à ses besoins, mais à ceux de tous ; travaillé pour elle-même mais pour le pays ; restauré ses monastères ou ses cathédrales,
mais les Hôtels-Dieu, les léproseries, les hospices, tous les asiles de
la pauvreté et de la douleur. » C'est ainsi que l'Eglise fit construire
des routes, des chaussées, des digues en Hollande et en Zélande, des
ponts à Agen et à Lyon ; qu'elle racheta des captifs.... Cela MM. Calvet, Rogie et Cⁱᵉ ne le disent pas ; ils s'en garderaient bien !
    (Voir *Revue pratique d'apologétique*, 15 janvier 1910.)
  (2) Voir DÉSERS : *L'Eglise catholique*, p. 249.

« *Très pieux, mais fougueux et inquiet, Luther ne put*
« *supporter le spectacle de la corruption romaine.* »
— (Rogie).

En 1905, le P. Denifle, archiviste du Vatican, l'une des
gloires scientifiques de notre temps, auquel la Sorbonne,
malgré son titre de religieux, a demandé l'édition du car-
tulaire de l'Université de Paris, publiait un ouvrage sur
Luther et le luthéranisme. Dès son apparition, son livre
causa une émotion profonde dans le monde entier ; il pro-
voqua de violentes colères chez les protestants, mais comme il était composé suivant toutes les règles de la critique,
personne ne put contester la vérité de ses affirmations.

Or, dans ce livre, on constate que Luther n'avait rien de cette
piété angélique qu'on se plaît à lui attribuer. L'orgueil faisait déjà battre son cœur sous le froc du religieux ; il lui
arrivait souvent, au cloître, de passer des semaines entières
sans prendre en main son bréviaire ; rarement, il lui restait
assez de temps pour célébrer la sainte messe, prier et mé-
diter ; l'année de sa révolte (1517), il n'avait pas encore
appris les usages et les règles de son ordre ; d'amers
regrets lui rendirent odieux ses vœux et sa vocation sacer-
dotale : tout autant de choses qui ne sont pas le fait d'un
moine « très pieux ».

Dans ce livre, on constate aussi qu'au lieu d'être « un
retour à la pureté et à la simplicité des premiers temps du
Christianisme », la prédication et la vie de Luther ont été la
glorification cynique de la passion dans ce qu'elle a de plus
grossier et de plus charnel.

Luther condamnait le célibat ecclésiastique et la chasteté
monastique, parce qu'ils étaient la condamnation de la
jouissance brutale. Il ne voyait dans le mariage que la satisfaction des instincts de la nature. Il admettait le divorce,
la polygamie, le concubinat, lorsque la satisfaction des sens
les exigeaient. Il conseillait la jouissance et la bonne chère :
« Mangez et buvez, s'écriait il, donnez-vous beau temps !
A l'heure de la tentation, il faut donner à vos corps bien à
manger et bien à boire ! » Comme tout cela ressemble à la
pureté des premiers temps du Christianisme ! n'est ce pas
M. Calvet ?

Pour répandre sa doctrine, Luther se servait des carica-
tures les plus odieuses, des images les plus malpropres. Les
plus connues sont la *Truie papale*, le *Moine-Veau*, le *Pape-*

Ane ; elles sont tellement ordurières qu'elles donneraient des nausées aux moins délicats. Singulier moyen de propager l'Evangile « pur et sans alliage » !

Et maintenant, voulons-nous savoir comment le Réformateur pratiquait la charité, « la pureté et la simplicité des premiers temps du Christianisme ? » Il nous le dira lui-même. « Je ne puis prier, écrit-il, que je ne maudisse en même temps. Quand je dis : Que ton nom soit sanctifié !... Je ne puis m'empêcher de dire : Maudit, damné, honni soit le nom de tous les papistes ! » Nous voilà loin de l'Evangile, loin des belles épîtres de Saint-Paul, loin de la vie des premiers chrétiens !

Il écrit en 1521 : « Je vis toute la journée dans l'oisiveté et la débauche. » Mélanchton, décrivant dans une lettre l'arrivée de Luther à Erfurt, au soir du 29 octobre 1522, dit : « On but, on cria comme d'habitude. » Et le Réformateur écrit à Linck en 1531 : « Le mal de tête contracté à Cobourg à cause du vin vieux n'est pas encore vaincu par la bière de Wittemberg. » Et il trouvait les repas des prêtres trop longs ! Que pensez-vous M. Devinat, de cette contradiction ?

Voulons-nous connaître enfin les résultats de tels enseignements et de tels exemples ? Les contemporains nous les diront. Dans une lettre à Henri Stommer, Erasme dépeint ainsi le caractère de la secte luthérienne : « Le nouvel Evangile a du moins l'avantage de nous montrer une nouvelle espèce d'hommes, hautains, impudents, fourbes et blasphémateurs, dangereux, querelleurs, séditieux, furieux ; et qui, pour tout dire, me sont tellement antipathiques que si je savais au monde un lieu qui n'en fût infesté, je n'hésiterais pas à m'y réfugier à l'instant ! » Georges Wizel décrit en deux lignes les funestes effets de la nouvelle doctrine : « Il ne s'est pas vu depuis la naissance du Christ autant de divorces et de séparations de corps que depuis les quinze ans que dure le gouvernement de Luther... La table, le lit, le coffre-fort, telle est la Trinité qui régit aujourd'hui les hommes ! »

Que nous voilà bien loin de la « pureté et de la simplicité des premiers temps du Christianisme » !

V. — *« Les hommes du XVI* siècle apprirent tout
« *d'un coup que l'on peut penser de façons fort diffé-*
« *rentes... Eux qui jusque-là avaient cru aveuglé-*

« *ment ce qu'on leur enseignait, ils voulurent*
« *désormais comprendre avant de croire.* » —
(CALVET.)

N'en déplaise à M. Calvet, les hommes du XVe siècle,
comme ceux des siècles précédents, « savaient qu'on pouvait
penser de façons fort différentes ».

Nous lui ferons remarquer d'abord que Luther ne fut pas
le premier qui discuta la doctrine catholique. Dès l'origine
du Christianisme, et dans tous les siècles, des hérésies
s'étaient produites, qui avaient fait assez de ravages pour
qu'on en eût conservé le souvenir ; elles avaient provoqué
des discussions, suscité des controverses assez retentis-
santes pour qu'elles fussent encore dans toutes les mémoires.

Nous lui ferons remarquer ensuite que les ouvrages des
Docteurs du moyen-âge, prouvent qu'à cette époque on
cherchait à comprendre l'enseignement de l'Eglise avant de
croire. Dans la *Somme théologique* de Saint-Thomas, pas
une question n'est traitée sans que les objections soient
présentées et discutées ; et, chose digne de remarque, il
n'est pas une objection moderne contre nos dogmes qui
n'ait déjà été prévue et résolue par le saint Docteur. Or, son
ouvrage était étudié et commenté dans toutes les écoles.
Les hommes des XIIIe, XIVe et XVe siècles connaissaient
leur religion ; ils la méditaient ; ils la discutaient. Pourrait-
on en dire autant des hommes du XXe siècle ? Hélas ! ceux
qui croient ne cherchent guère à comprendre ; ceux qui ne
croient pas ne connaissent et ne discutent de notre religion
que des contrefaçons puisées dans des journaux ou revues
qui se signalent par un anticléricalisme de bas étage.

Et maintenant, voyons comment « les hommes du XVIe
siècle voulurent comprendre avant de croire ». Il s'agit ici
de ceux qui embrassèrent le protestantisme ; ceux qui
demeurèrent catholiques continuèrent sans doute, « à croire
aveuglément ce qu'on leur enseignait ! »

L'étude consciencieuse des faits nous montre à l'évidence,
que le protestantisme s'implanta en Europe par la force.

En Allemagne, les réformateurs admirent comme principe : Vous êtes de tel pays, vous devez donc avoir telle
religion. On rejeta le pape, mais tout souverain était pape
dans son domaine et pouvait à son gré, changer la religion
de ses sujets. Voici un exemple de l'effet de ce principe :

l'électeur palatin, Frédéric III, qui était luthérien, devient calviniste en 1563 ; il oblige ses sujets à changer de religion : les récalcitrants sont emprisonnés ou exilés. En 1576, son fils Louis revient au luthéranisme ; il force son peuple à abjurer le calvinisme. En 1583, l'électeur Jean-Casimir se retourne vers le calvinisme ; ses sujets sont contraints de faire comme lui. Voilà donc un peuple obligé par la force de changer de religion trois fois en 20 ans. Il s'agissait bien de comprendre avant de croire !

En Angleterre, le caprice d'un tyran sensuel et passionné fut, non seulement l'occasion, mais encore la cause du schisme. On sait les lois véritablement draconiennes, les répressions armées, les supplices atroces par lesquels Henri VIII imposa ce schisme à un peuple qui n'en voulait pas ; le nom d'Elisabeth réveille celui d'une des plus horribles tyrannies religieuses que le monde ait connues.

En Suède (c'est l'historien protestant Schœll qui nous le dit), « la Réforme fut le fruit de la politique ; elle fut appelée et introduite contre le penchant d'une grande partie de la nation par un monarque qui la regardait comme un moyen de consolider sa puissance et qui, pendant tout son règne, a eu à lutter contre la répugnance de ses sujets à renoncer à la foi de leurs pères ».

En Suisse, Zurich et Berne eurent recours aux armes, pour imposer à tous les cantons la nouvelle religion. Ils cherchèrent à affamer ceux qui restaient fidèles. Heureusement, la victoire de Cappel sauva les cantons restés catholiques.

Après cela, anathème à qui dira que les Protestants ne crurent qu'après avoir compris !

VI. — Peut-être M. Calvet est-il de ceux qui disent : Moi, je ne crois que ce que je comprends ! Voilà pourquoi nous ajouterons deux mots à notre réponse.

Savants et ignorants, nous croyons beaucoup de choses que nous ne comprenons pas.

« Nous cultivons la terre, et l'ensemençons ; mais nous ne comprenons pas comment le grain de blé pourrit, germe et devient épi. Nous avançons le pied et étendons le bras ; mais nous ne comprenons pas comment le corps obéit aux ordres de l'âme. Nous mangeons, nous marchons, nous

nous tenons debout, mais nous ne comprenons pas comment se fait la digestion, comment se produit la locomotion, comment la pesanteur nous tient attachés au sol.

Si l'on avait raconté aux soldats de la vieille garde qu'un jour, avec un fil, on se parlerait de Marseille à Paris, quel haussement d'épaules ! Et pourtant il faut croire ce qu'ils n'auraient pas compris. Et nous mêmes qui nous servons de cette merveilleuse invention, la comprenons-nous ?

Comprenons-nous comment la même eau bouillante qui prépare les aliments, durcit les uns et amollit les autres, blanchit l'oignon, brunit la viande et rougit l'écrevisse ? Lacordaire était à table d'hôte, un vendredi. Un libre-penseur, tout en lui passant le plat d'omelette, lui dit bêtement : « Moi, Monsieur, j'ai pour principe de ne croire que ce que je comprends ». Lacordaire répondit : « Monsieur, comprenez-vous comment le feu fait fondre le beurre et durcit les œufs ? » — « Ma foi, je n'en sais trop rien, reprit le libre-penseur, déjà au bout de sa science. » — « Moi non plus, lui dit finement le religieux. Mais je vois avec plaisir que ça ne vous empêche pas de croire aux omelettes... n'est-ce pas ? »

Il n'y a que les sots ou les farceurs qui prétendent ne croire que ce qu'ils comprennent. Les *savants* eux-mêmes vivent dans l'incompréhensible.

Vous pouvez interroger toutes les Académies et les mettre au défi de répondre à mille questions insolubles, par exemple : Qu'est-ce que la végétation, cette énergie souterraine qui fait sortir d'un grain une tige verdoyante, qui pousse vers le haut des plantes que la pesanteur devrait renverser vers le bas, et qui tire les fleurs les plus délicates et les fruits les plus savoureux de la pourriture des germes ?... Devant un grain de poussière imperceptible, vous pouvez amener tous les savants du monde et leur dire : « Regardez bien ce grain de poussière, cet atome est-il simple ou divisible à l'infini ? » Ils ne pourront pas vous répondre. Qu'est-ce que l'espace qui contient tout et qui n'est lui-même contenu par rien ? Qu'est-ce que la lumière qui éclaire toutes choses ? Comme vous, comme moi, les savants ignorent tout cela et le reste. Ils constatent des faits et des lois, mais ne les expliquent pas. Ils vivent dans l'incompréhensible. » (Mgr GIBIER, *Objections*, première série, 98.)

Ils croient sans comprendre ! Et, en matière religieuse,

là où l'objet est infini, on exigerait que l'on comprît toujours avant de croire? C'est injuste. C'est d'ailleurs absurde, il faudrait pour cela que Dieu cessât d'être infini et se
réduisît à la mesure de notre esprit, qui est fini.

CHAPITRE IV

L'INQUISITION

1. — *« Un tribunal ecclésiastique qui a laissé de tristes*
« souvenirs, l'Inquisition, poursuivit avec rigueur
« tous ceux qui étaient soupçonnés d'hérésie ; le
« nombre de ses victimes, en Espagne surtout, et
« dans le midi de la France, est effrayant. (ROGIE.)
« Texte à peu près identique dans DEBIDOUR (p. 33).

1º — *Principe de l'Inquisition.* — Le 21 janvier 1901,
Waldeck-Rousseau, parlant à la Chambre, de la loi sur les
associations, s'écriait, aux applaudissements de toute la
gauche : « On m'objecte la liberté, comme s'il pouvait y
avoir une liberté contre l'ordre public ». — C'est donc entendu ; il ne peut pas y avoir de liberté contre l'ordre public. Mais c'est le principe de l'Inquisition !

Qu'est-ce que l'ordre public ? C'est un ensemble de doctrines sans lesquelles une société ne peut pas vivre. Cet
ordre ne peut tolérer le vol, l'incendie, le meurtre, la révolte, l'émeute ; il suppose la propriété individuelle, le mariage d'un seul homme avec une seule femme, l'idée de
patrie... « Contre cet ordre, il n'y a pas de liberté ». L'État
a le droit et le devoir d'user de répression contre les réfrac-
taires.

Or, il ne faut pas croire que les hérétiques fussent de
bonnes gens fort paisibles, respectueux des lois et des pouvoirs établis, ne demandant qu'à jouir de la liberté de conscience et à pratiquer leur culte pacifiquement. Michelet,
dans son *Histoire de France*, nous les montre sous un tout
autre jour. « Partout où les Albigeois étaient maîtres, dit-il,
ils maltraitaient les prêtres comme les paysans ; ils habil-

laient leurs femmes de vêtements sacrés..., c'était un de-
leurs plaisirs de salir, de briser les images du Christ...
Une guerre effroyable fut ainsi faite par des hommes sans
foi et sans patrie, farouches comme des barbares... » Ed-
gard Quinet fait la même observation à propos des protestants : « Partout où la Réforme a éclaté, au XVI° siècle,
dit-il, ses premiers actes ont été le brisement des images,
le sac des églises et des monastères, l'aliénation des biens.
ecclésiastiques, l'injonction d'obéir dans l'intimité de la
conscience au nouveau pouvoir spirituel, le bannisse-
ment, non seulement des prêtres, mais de tous les croyants.
qui gardaient l'Eglise au fond de leurs cœurs ». Et un historien de valeur, M. Guiraud, professeur à l'Université de
Besançon, ne craint pas de clore les études qu'il a publiées.
sur ces questions, par ce mot : « La répression de l'hérésie
s'imposait, sinon au point de vue religieux, du moins au.
point de vue social ». (*Questions d'Histoire*, 44).

2° — *L'Inquisition en Espagne*. — Ceux qui se plaisent.
à faire du tribunal de l'Inquisition une objection contre
l'Eglise, ne manquent pas de vous montrer, avec un geste.
d'horreur, l'Inquisition d'Espagne. Voyons ce qu'il faut
en penser.

Nous nous garderons bien de défendre l'Inquisition
d'Espagne, qui ne fut jamais une inquisition d'Eglise, mais
une inquisition d'Etat. Les Inquisiteurs étaient nommés.
par le roi, qui les révoquait à son gré. L'Inquisition se
mêlait de tout, du commerce, des impôts, de la marine,
des arts. Toutes les confiscations prononcées par le tribunal allaient grossir le trésor royal ; aussi, disait-on
qu'elle avait été instituée pour enlever aux riches leurs.
biens et aux puissants leur autorité.

Pour montrer que cette Inquisition était une Inquisition
d'Etat, sur laquelle l'Eglise n'avait aucun contrôle, citons.
un fait, une cause célèbre qui vaudra mieux que tous les.
arguments. C'est le procès de Barthélemy Caranza, sous.
Philippe II. Caranza était dominicain ; il occupait l'arche-
vêché de Tolède. Une nuit cet archevêque fut saisi et jeté
dans les prisons de l'Inquisition : qu'avait-il donc fait ? il
avait publié des *Commentaires sur le catéchisme*, où l'on
crût trouver des propositions hérétiques.

Le Concile de Trente était alors rassemblé ; le catéchisme
fut examiné et solennellement approuvé. Philippe II refusa
de mettre le prisonnier en liberté. Les Pères du Concile pro-

testèrent : leur protestation fut regardée comme non avenue. Le Souverain Pontife envoya en Espagne, trois cardinaux pour examiner l'affaire : on contesta leur autorité. Il fallut que le pape Pie V menaçât Philippe II d'excommunication, s'il n'envoyait à Rome le prévenu. Philippe II se résigna. Caranza partit pour Rome où il mourut. Dix-sept ans s'étaient écoulés depuis le jour de son arrestation. Un tribunal qui se joue ainsi de l'autorité du Pape et de celle d'un Concile général, montre bien qu'il n'est pas un tribunal d'Eglise. C'est vers le même temps, du reste, que l'Inquisition poursuivait, en Espagne, trente-deux archevêques et évêques. Il serait donc injuste de reprocher à l'Eglise une institution dont elle a été elle-même victime et contre laquelle les Souverains Pontifes ont toujours protesté.

Au surplus, il faut se rappeler que ce que l'on sait de l'Inquisition d'Espagne vient, en grande partie, de l'ouvrage d'un prêtre apostat, Llorente. Chargé des archives de l'Inquisition, il en écrivit l'histoire, puis il brûla toutes les pièces, sauf quelques-unes qu'il lui plût de garder, de sorte que les documents nous manquent, pour contrôler l'exactitude de ses récits. Il prétend que l'inquisition d'Espagne fit, pendant trois siècles, 30.000 victimes, mais il se garde bien de donner une base à ses calculs.

L'historien protestant Prescott nous donne, sur la sincérité de Llorente, cet avertissement : « On doit se méfier de ses indications, car il a, en d'autres circonstances, admis avec légèreté, les estimations les plus invraisemblables, par exemple pour les juifs bannis dont il porte le nombre à 800.000, tandis que les documents contemporains prouvent que ce nombre est tout au plus de 170.000. » Il donne donc un chiffre cinq ou six fois trop fort. Nous sommes en droit de supposer qu'il a exagéré la somme des victimes de l'Inquisition dans la même proportion. Il nous est permis de la ramener au chiffre de cinq à six mille pour tous les crimes dont ce tribunal avait à connaître, c'est-à-dire non seulement pour les crimes d'hérésie, mais aussi pour les crimes de droit commun : bigamie, usure, crimes contre nature, homicides, etc...

Et maintenant, à ceux qui gémissent sans cesse sur les victimes de l'Inquisition d'Espagne, nous dirons (quoique nous n'ayons pas à la défendre) : Savez-vous combien les empereurs romains ont massacré de chrétiens, pendant les trois premiers siècles ? Près de dix millions. — Savez-vous combien le roi d'Angleterre, Henri VIII, fit de victimes en treize ans, pour supprimer la religion catholique et établir la religion protestante en Angleterre ? Plus de 72.000 ; ce sont les historiens protestants eux-mêmes qui donnent ce chiffre, et l'Angleterre n'avait alors que quatre millions d'habitants. — Savez-vous combien la Révolution française fit de victimes, dans la seule année de 1793 ? Elle en fit 18.613 ; c'est un publiciste, ami de Robespierre, qui a fait ce calcul. — Vous rappelez-vous certaines histoires, pas si anciennes, de Kurdes faisant couper la langue à 30.000 chrétiens, uniquement parce que chrétiens ? — Vous souvenez-vous qu'il y a moins de cinq ans, les enfants de 8 à 10 ans mouraient sous le fouet en Pologne prussienne, parce que catholiques ? — Avez vous lu, dans le *Matin* des 7 et 8 Juin 1909, comment les enfants à la mamelle ont été enfilés sur des sabres, puis dépecés vivants, et introduits par morceaux dans la bouche de leurs parents qui, attachés à un arbre, assistaient à ce jeu ? Quel était le crime des parents ? Ils étaient chrétiens ; celui des enfants ? ils étaient baptisés.

Pourquoi donc ne gémissez-vous pas sur toutes ces victimes ? serait-ce parce que c'étaient des catholiques ? Ah ! si vous y trouviez matière à attaque contre l'Eglise, comme vous vous empresseriez d'en parler, n'est-ce pas ?

A propos de l'Espagne, il convient d'ajouter une remarque qui ne manque pas d'importance. Voltaire a écrit : « Il n'y eut, en Espagne, pendant le XVI⁰ et le XVII⁰ siècle, aucune de ces révolutions sanglantes, de ces conspirations, de ces châtiments cruels qu'on voyait dans les autres cours d'Europe... Sans les horreurs de l'Inquisition, on n'aurait eu, alors, rien à reprocher à l'Espagne. » — Comment Voltaire n'a-t-il pas vu que l'Inquisition est la cause même de cette tranquillité dont l'Espagne a joui pendant deux siècles ? (1)

3⁰ *L'Inquisition en France.* — Au XII⁰ siècle, des bandes de brigands parcouraient la Bretagne, le Dauphiné, la Provence et tout le Midi, prêchant les plus honteuses doctrines et semant la terreur et le désordre sur leur passage. L'Eglise, pendant plus d'un siècle, employa contre eux tous les moyens de persuasion : prédication, discussions pu-

(1) Voir P. des Bois : *Réponse aux objections*, c. 44 et Désers : *L'Eglise catholique.*

bliques, excommunication... A bout de ressources, et dans un but de défense sociale, elle établit, en 1233, le tribunal de l'Inquisition.

L'Inquisition était un tribunal ecclésiastique établi pour connaître des actes et des doctrines subversives de la religion et de la société. Les juges de ce tribunal avaient pour fonction d'examiner les doctrines de ceux qui étaient cités devant eux, et à déclarer si ces doctrines étaient conformes ou opposées à celles de l'Eglise. Si la doctrine de l'accusé n'avait rien de répréhensible, il était absous ; si elle était erronée, on demandait à l'accusé une rétractation publique ; et s'il ne voulait pas se rétracter, on le déclarait hérétique opiniâtre, puis il était livré au juge laïque : « A dater de ce moment, dit un des plus grands historiens de l'Italie, C. Cantu, l'accusé devenait un criminel d'Etat. » — Car, il ne faut pas l'oublier, le pouvoir civil regardait comme des perturbateurs de l'ordre public tous les fauteurs d'hérésie, et les poursuivait de la façon la plus sévère.

Que le pouvoir civil soit allé trop loin dans la répression, nul ne le conteste. D'ailleurs, nous n'avons pas à le défendre. Plus d'une fois l'Eglise est intervenue pour le rappeler à la modération ; c'est ainsi que le pape Clément IV adressa un blâme sévère à Saint-Louis au sujet des pénalités terribles que celui-ci avait édictées contre les blasphémateurs ; que le pape Alexandre III condamna les tortures auxquelles on soumettait les coupables. Les princes savaient bien que les papes n'approuvaient pas leur manière de faire. Aussi, l'histoire nous les montre édictant des mesures cruelles en matière religieuse sans consulter l'Eglise et ses tribunaux ; Philippe le Bel fait mettre à mort les Templiers, sans que l'Inquisition ait eu à en connaître, et Jeanne d'Arc, près de mourir, disait à ses juges : « Si l'on m'avait mis dans les prisons d'Eglise, tout cela ne serait pas arrivé. » L'historien protestant Léa en fait la remarque ; à propos de quatre-vingts hérétiques brûlés en 1248, près d'Agen, par Raymond de Toulouse, M. Léa n'hésite pas à dire que « si ces infortunés avaient été jugés par l'inquisiteur, aucun d'eux n'aurait été condamné au bûcher. »

4º *L'Inquisition dans les Etats du Pape.* — Si l'on veut connaître le véritable esprit de l'Eglise à propos de l'Inquisition, il faut étudier son rôle dans les Etats pontificaux, là où le pouvoir civil et le pouvoir religieux ne faisaient pour ainsi dire qu'un. Or, l'Inquisition romaine n'a pas fait une seule victime.

5° *L'Inquisition protestante.* — Prenons maintenant l'offensive et demandons aux protestants et à leurs amis si leur Inquisition à eux fut moins cruelle que celle dont nous venons de parler.

Ecrivant aux princes allemands, Luther leur traça leur ligne de conduite en ces termes : « Qu'on donne aux paysans de la paille d'avoine à manger. Faites-leur comprendre leur devoir par l'arquebuse et le fouet. Faites fredonner les mousquets à leurs oreilles. Il n'est pas ici question de miséricorde, c'est maintenant le temps du glaive. C'est pourquoi, chers seigneurs, déchaînez-vous, sauvez-nous, exterminez, égorgez ! » Calvin prêcha toute sa vie la même doctrine ; ainsi dans une lettre au régent d'Angleterre, pendant la minorité d'Edouard VI, il l'exhorta « à réprimer les catholiques par le glaive. »

Ces appels et ces exhortations produisirent leur effet.

En *Allemagne*, les princes firent périr 100.000 hommes dans la guerre des paysans.. Le bourreau de Wurzbourg exécuta en un mois 350 personnes. Dans le seul domaine de la Ligue de Souabe, on en exécuta 10.000. Le duc de Brandebourg rendit la Réforme obligatoire pour tous ses sujets ; les récalcitrants furent branchés haut et court. Le duc de Saxe nomma des Inquisiteurs, et bannit tous ceux qui étaient soupçonnés de rester fidèles à l'Eglise.

En *Suisse*, le Conseil de Berne ordonna de briser partout les images, de démolir les autels, de poursuivre les prêtres, de les jeter en prison, et de traiter de même ceux qui oseraient mal parler des membres du Conseil. Au dire de l'historien protestant Galiffe, « Calvin établit à Genève le régime de l'intolérance la plus féroce ». (*Notices généalogiques*, t. III, p. 211) ; pendant les cinq premières années de son régime, où Calvin passe pour avoir montré quelque douceur, il y eut 58 exécutions capitales ; en 1542, le gardien des prisons exposa au Conseil qu'elles regorgeaient de prisonniers, et en 1554, le Réformateur pouvait entretenir son ami Myconius de cruelles exécutions en masse qui avaient eu lieu.

En *Suède*, en *Danemark* et en *Norwège*, le culte catholique fut complètement interdit pendant plus de deux siècles ; tout catholique était banni et ses biens confisqués ;

la peine de mort était décrétée contre tout prêtre trouvé dans l'un de ces trois pays.

En *Angleterre*, Henri VIII fit 72.000 victimes en quelques années. La reine Elisabeth fit subir aux catholiques des supplices si atroces et si raffinés, qu'ils arrachent à l'historien protestant Cobbet ce pénible aveu : « Ma plume s'échappe de mes mains, au moment où je me dispose à faire le récit de toutes les atrocités qui épouvantèrent alors l'univers. »

En *Irlande*, Cromwell fit aux catholiques une guerre d'extermination, semblable à celle d'Israël contre les Chananéens. Bornons-nous à citer, sur ce point, le protestant Macaulay : « Il frappe de l'épée sur les idolâtres (les catholiques), avec une telle force que de grandes cités sont laissées sans habitants, en chasse plusieurs milliers sur le continent, en embarque plusieurs autres milliers pour les Indes occidentales, et remplit le vide qu'il avait fait en y versant de nombreux colons de croyance calviniste. » (*Histoire d'Angleterre*, t. I, p. 143).

Dans les *Pays-Bas*, les franciscains de Gorkum et d'autres prêtres, furent amenés en procession autour d'un gibet par des soldats qui les accablèrent de coups de bâtons ; finalement, on les pendit ; on leur coupa le nez et les oreilles ; on leur ouvrit le ventre ; on en tira ce qu'on put de graisse, et on la vendit dans le pays.

En *France*, les huguenots ont fait mourir depuis l'an 1560 jusqu'en 1581, 164.200 personnes, entre lesquelles il y avait 8.160 ecclésiastiques. » (FROMEREAU, *Le Secret des Trésors de la France*).

Quand on a de pareils actes sur la conscience, on est mal venu à gémir encore sur les victimes de l'Inquisition catholique ! Et nous n'aurons jamais assez de mépris pour des auteurs qui gardent un silence profond sur toutes ces cruautés, alors qu'ils n'ont pas assez de voix pour parler de la Saint-Barthélemy ou du massacre de Vassy.

II. — L'Inquisition suggère à MM. Aulard et Debidour une gravure sur l'affreuse scène des emmurés. Naturellement les autorités ecclésiastiques en nombre, précédées de la croix, assistent au supplice.

L'Emmurement tel qu'on le décrit dans ce manuel ou dans certaines feuilles anticléricales, n'a jamais existé comme peine infligée par les tribunaux d'Eglise (1). Le malheureux condamné, dit-on, était enfermé pour toute sa vie dans une étroite cellule dont l'entrée était aussitôt murée. Une toute petite ouverture lui donnait un peu de lumière et d'air ; c'est par là qu'on lui passait le pain et l'eau. Rien ne prouve que l'Eglise ait usé de cette épouvantable peine. Il est facile de prouver que le mot *emmurement* (qui a donné lieu à la légende) était dans les tribunaux ecclésiastiques synonyme d'*emprisonnement ordinaire*. Lisez le *Directoire des Inquisiteurs* d'Emeric (Rome, 1578, p. 587) : « Dans quelques régions, les inquisiteurs ont dans leur maison des *prisons* qu'ils nomment *murs* ». Dans une instruction de Philippe le Bel (1302) aux sénéchaux de Toulouse et de Carcassonne, on peut lire pareillement : « Nous vous ordonnons quant à nos *prisons*, vulgairement appelées *murs* » (DUCANGE, *Glossarium*, art. murus). Tous les auteurs modernes qui se sont occupés de l'Inquisition sont du même avis : « Toutes ces prisons étaient désignées sous le nom particulier de mur, la *mure*, la *meure*, et les prisonniers sous celui d'*emmurés* ». (TANON, *Hist. des trib. de l'Inquisition en France*, p. 185). D'ailleurs, aujourd'hui encore, *enfermer entre quatre murailles* et *mettre en prison* ne sont-ils pas synonymes ?

CHAPITRE VII

GUERRES DE RELIGION

1. — « *En France, l'imprimeur Etienne Dolet est « brûlé sur la place Maubert, à Paris* ». — (CALVET).
« — (AULARD, p. 59). — (BROSSOLETTE, p. 55). (1)

Remarquons d'abord que le mot « brûlé » prête à l'équivoque ; il laisse croire que Dolet a été brûlé vif, ce qui est faux. Il a été pendu ; son cadavre a été ensuite réduit en cendres, comme les morts de nos fours crématoires.

(1) Voir, dans l'*Univers* du 22 avril 1908, un excellent article sur cette légende des Emmurés. MM. Aulard et Debidour eux-mêmes, pourraient y apprendre des choses qu'ils ignorent.

(1) MM. Aulard et Brossolette complètent leur texte par une gra

Mais passons. Pour quels motifs a-t-il été condamné ? Il faut aller chercher la réponse, non pas dans les journaux ou les romans, mais dans le texte officiel de sa condamnation, qui se trouve aux archives nationales, n° 99 des registres criminels. Or, il n'est pas dit un mot du clergé ; mais l'arrêt porte en toutes lettres : « Vu les requêtes de la femme Compaing ». Voici l'explication de ce texte :

Etienne Dolet, qui était un personnage malpropre, donna un jour un rendez-vous infâme à un jeune peintre lyonnais nommé Compaing, et, après avoir essayé de lui faire violence, le tua d'un coup de poignard. Pour échapper aux poursuites de la femme de sa victime, Dolet se rendit à Paris et implora la clémence de François Ier. Il fut sauvé grâce à l'intervention du cardinal de Tournon, qui jouissait d'un grand crédit auprès du roi.

Après une longue absence, le criminel revint à Lyon. Sur une plainte de la famille de Compaing, il fut arrêté. Une nouvelle intervention du cardinal de Tournon lui obtint la liberté.

Dolet devint alors imprimeur. La publication d'ouvrages licencieux attira sur lui l'attention de la justice. On le poursuivit, comme on poursuit encore aujourd'hui les auteurs ou imprimeurs d'écrits anarchistes. Un évêque, Mgr Pierre du Chastel, prit sa défense devant le roi et obtint sa grâce.

Mais il se fit saisir une quatrième fois. La famille du peintre qu'il avait assassiné intervint alors. Elle demanda justice au parlement, qui condamna Etienne Dolet.

Voilà la victime de l'intolérance cléricale ! « Trois fois sauvée par l'intervention des hommes d'église. Condamnée par la justice civile pour assassinat ».

L'arrêt fut exécuté sur la place Maubert le 3 août 1546. Le condamné alla à la mort avec courage. En allant au gibet, il répétait cette prière : « Mon Dieu, que j'ai si souvent offensé, ayez pitié de moi ! Vierge Mère, Saint Etienne, intercédez pour moi, pauvre pécheur ! »

Etienne Dolet ne fut martyr que de ses passions et de ses vices.

vure représentant le supplice de Dolet. Un évêque, mitre en tête, avec la croix dressée devant lui, fait face au bûcher du condamné. — Rien de plus contraire à la vérité historique.

11. — « *Une population tout entière est massacrée, celle*
« *des Vaudois, qui habitaient deux villages du*
« *midi* ». — (CALVET).

Les Vaudois, organisés en Eglise par Pierre de Valdo
au XII° siècle, occupaient plusieurs districts en Vaucluse.
Ils s'étaient mis en relations avec les Calvinistes de Genève
dont ils imitaient l'esprit d'intolérance. Pressé par le peuple
que leur fanatisme avait surexcité, le parlement d'Aix rendit contre eux, en 1540, une sentence d'extermination.
Deux évêques, Mgr du Chastel, aumônier du roi, et Mgr
Sadolet, de Carpentras, intervinrent auprès de François
I⁰ʳ pour empêcher l'exécution de cette sentence. Mais leur
intercession ne put arrêter le bras du roi. Trois mille personnes furent massacrées.

L'Evêque de Carpentras fit son possible, malgré les
édits, pour sauver plusieurs de ces malheureux hérétiques.
François 1⁰ʳ regretta sa faute, mais il eut mieux fait
d'écouter les conseils des deux prélats.

Vers la même époque, les protestants se rendirent coupables de plusieurs tueries, plus atroces et plus désas-
treuses encore que celle dont nous venons de parler. Pourquoi les auteurs de nos manuels scolaires n'en parlent-ils
pas? S'ils jugent bon de signaler aux enfants le massacre
des Vaudois, on ne voit pas pourquoi ils passeraient sous
silence les massacres de Saint-Gilles (1562), de Nîmes
(1567), d'Orthez (1569), de Saint-Sever, où des milliers de
catholiques trouvèrent la mort. — Messieurs, votre parti-
pris est trop apparent.

III. — « *Catherine de Médicis, favorable aux catho-*
« *liques, fit faire l'abominable massacre de la St-*
« *Barthélemy.* » (CALVET). — « *Le pape félicita hau-*
« *tement Charles IX du crime qu'il venait de com-*
« *mettre.* » (AULARD). — « *Le pape et Philippe II*
« *applaudirent à cet acte de sauvagerie.* » (BROSSO-
« LETTE).

Il faut féliciter M. Calvet d'attribuer le massacre à celle
qui doit en porter la responsabilité devant l'histoire, à Catherine de Médicis. Dès le printemps de l'année 1572, cette
reine ambitieuse et jalouse, avait pris ombrage de l'ascen-

dant conquis sur Charles IX par l'amiral de Coligny ; elle avait cru comprendre que celui-ci cherchait à l'écarter du pouvoir ; dès lors, elle se jugea en droit de le faire périr. Mais Maurevel manqua son coup. L'échec de ce premier meurtre conduisit Catherine à un attentat plus grave, celui de la Saint-Barthélemy, dont nous n'avons pas à raconter ici les circonstances.

S'il en est ainsi, pourquoi ajoute-t-on cette incidente : « favorable aux catholiques ? » Ne serait-ce point pour faire porter à l'Eglise une part de responsabilité dans cet odieux massacre ? Une telle intention serait profondément injuste ; les faits vont le prouver.

Gaspard de Saulx-Tavannes fait observer que, sans la faveur de la reine et de la cour, les ligues de huguenots n'eussent ni commencé ni duré. En 1561, Catherine de Médicis écrivait à la duchesse de Savoie « qu'elle était résolue de favoriser les huguenots, d'où elle espérait son salut contre le triumvirat » (1). Elle fit proposer aux princes luthériens d'Allemagne un traité d'alliance pour obtenir leur secours contre les catholiques, dans le cas où Charles IX changerait de religion (2). Même en 1572, si elle était résolue à se défaire de Coligny, jalouse de l'ascendant qu'il avait pris sur Charles IX, elle ne voulait atteindre que lui ; elle songeait à donner pour chef aux protestants son gendre, Henri de Navarre ; ce qui montre bien qu'elle n'avait pas d'antipathie contre les hérétiques, et qu'elle n'était pas plus *favorable* aux catholiques qu'à leurs adversaires.

L'Eglise n'a donc aucune responsabilité dans l'abominable massacre de la Saint-Barthélemy. Et nous n'avons pas à disculper Catherine de Médicis. Toutefois, il ne sera pas inutile de voir comment le massacre a été préparé ; on sera fixé d'une façon plus nette sur le rôle de l'Eglise touchant cet odieux attentat.

« Si un secrétaire, dit M. Coubé, (3), me demandait ce que je pense de la Saint-Barthélemy, je lui répondrais : De laquelle voulez-vous parler ? De celle de 1572, ou des innombrables Saint-Barthélemy dont les protestants avaient auparavant ensanglanté la France ? De celle où les catho-

(1) BAUDRILLART, O. c., p. 160.
(2) FORNERON, *Histoire de Philippe II*, t. L., p. 154.
(3) Supplément de l'*Idéal*, mars 1908.

liques tuèrent deux mille calvinistes, ou de celles où les calvinistes égorgèrent des milliers et des milliers de catholiques ? Voulez-vous que je vous raconte celle d'Angoulême, et de Bazas, de Nîmes et d'Alais, de Saint-Gilles et d'Orthez, de Navarrenx et de Lescar, de Pau et de St-Sever, et bien d'autres encore ?

« A Angoulême, la ville s'est rendue sous la condition expresse, jurée par les vainqueurs, que les catholiques y pourront demeurer sûrement sans être inquiétés. A peine les huguenots y sont-ils entrés qu'ils jettent en prison tous les nobles. Ils pendent et étranglent le franciscain Grellet, en présence de Coligny, qui applaudit. Ils mutilent honteusement et massacrent le franciscain Viroleau. Ils fendent d'un coup de hache la tête de Jean Avril, octogénaire. Ils attachent deux à deux les catholiques et les laissent sans nourriture pour les obliger à se manger entre eux. Ils en scient d'autres, en promenant leurs corps sur des cordes tendues. Ils attachent les derniers à des pieux et les brûlent à petit feu. Que dites-vous de cette Saint-Barthélemy ?

« A Bazas, les soudards du lieutenant du roi de Navarre s'emparent de pauvres femmes catholiques qui ne veulent pas renier leur foi ; ils s'en servent comme de couleuvrines, les chargent de poudre et se pâment de rire, en voyant éclater en morceaux ces canons vivants.

« A Saint-Gilles, les huguenots massacrent 2.500 catholiques, et le *Calendrier des psaumes,* livre calviniste de l'époque, loin de cacher ces horreurs, les avoue et les loue comme des faits glorieux en ces termes : « Le 27 septembre 1562 (dix ans avant la Saint-Barthélemy), victoire remportée par les fidèles contre les papistes à Saint-Gilles. En ce jour, la ville fut mise au pillage, les ecclésiastiques égorgés et jetés dans le puits qui est joignant à l'église intérieure ; les enfants de chœur précipités dans le même puits. » Que dites-vous du cynisme de l'homme qui admire ces atrocités et raconte froidement l'horrible supplice de ces pauvres petits enfants ? Que dites-vous de la Saint-Gilles ?

« A Nîmes eut lieu, le 30 septembre et le 1er octobre 1567, un effroyable massacre, appelé la *Michelade.* Après avoir tué toute l'après-midi du 30, le soir venu, on conduit une centaine de prêtres, d'avocats, d'artisans, dans la cour de l'évêché. Dès qu'ils y entrent, on leur enfonce une dague dans la poitrine et on les jette dans le puits. On y entassa 72 corps jusqu'au bord. Plusieurs des malheureux étaient encore vivants et périrent étouffés par les cadavres qu'on empilait sur eux. Qui donc connaît aujourd'hui la *Miche-lade*? Si c'étaient des catholiques qui l'eussent faite, avec quel ensemble on nous la jetterait à la face! Que dites-vous de la Saint-Barthélemy de Nîmes?

« A Orthez, au mois d'août 1569, il y eut une autre Saint-Barthélemy, dirigée par le farouche *Montgomery*. Ce fut une boucherie humaine, accompagnée d'incendies, de pillage, de viols et de raffinements de cruauté diabolique. Un grand nombre de prêtres et de religieux furent jetés dans le Gave par une fenêtre. Le soir, trois mille cadavres gisaient parmi les ruines fumantes. Rien que dans cette petite ville, il y eut donc plus de catholiques tués qu'il y eut de calvinistes massacrés deux ans après, dans toutes les scènes de la Saint-Barthélemy. Qu'en dites-vous?

« A Navarrenx, Montgomery ayant donné sa parole à des gentilshommes catholiques qu'ils auraient la vie sauve, ils se rendirent : il les fit massacrer. A Lescar, le même scélérat fit pendre tous les ecclésiastiques, parce qu'ils refusaient d'apostasier. A Pau, dans le château, il invite les seigneurs et les officiers catholiques à une collation, et les égorge lâchement. Ailleurs, après avoir éventré des religieux, ses cavaliers vident des sacs d'avoine dans leurs entrailles, et font manger leurs chevaux dans ces auges frissonnantes. Que dites-vous de Montgomery?

« A Saint-Sever Cap, deux cents prêtres sont précipités du haut des rochers. A Morlaas, un dominicain a les yeux arrachés et on le force à les manger...

« A Chasseneuil, un prêtre, Louis Fayard, a les mains maintenues dans de l'huile bouillante jusqu'à ce que sa chair entièrement cuite tombe en lambeaux ; puis, on lui verse cette huile dans la bouche et on l'achève à coups d'arquebuse...

« A Coutances, les calvinistes passent des multitudes de catholiques au fil de l'épée, et font subir d'abominables traitements aux religieuses. A Bayeux, ils enterrent les prêtres jusqu'au cou, dans un jardin, et jouent aux quilles avec leurs têtes...

« Le *baron des Adrets*, un des chefs huguenots, peut rivaliser avec Montgomery. Il forçait ses prisonniers à se jeter du haut d'une tour du château de Montbrison sur les piques de ses soldats ; à lui seul, il égorgea plus de 4.000 catholiques, c'est-à-dire plus que la Saint-Barthélemy ne fit périr de protestants.

« *Coligny*, fut un monstre lui aussi. A Sully, il fit tuer 35 prêtres et jeta leur corps dans la Loire. A Pithiviers, il fit pendre tous les prêtres qu'il trouva. Parfois, il s'amusait à faire attacher les religieux à des poutres enduites de soufre auxquelles il mettait le feu. D'autres fois, il les liait à la gueule de ses canons, dont les boulets les mettaient en pièces ».

Toutes ces horreurs et d'autres que nous passons sous silence, n'excusent pas la Saint-Barthélemy. Mais on comprend que les catholiques des villes où les protestants avaient le plus copieusement égorgé· aient éprouvé le besoin d'user de représailles.

Le clergé montra la plus grande pitié pour les victimes et chercha à calmer l'effervescence populaire. Au dire du *Martyrologe calviniste* lui-même, les églises et les couvents donnèrent asile à un grand nombre de protestants qui furent sauvés, comme à Lyon, à Bourges, à Nîmes, à Toulouse. L'évêque de Lisieux en reçut un grand nombre dans son palais, et les défendit contre la multitude en fureur. Le pape Grégoire XIII « pleura de la façon dont le roi avait usé, défendue de Dieu, pour faire une telle punition ». (1)

Conclusion : La Saint-Barthélemy ne fut nullement l'œuvre de l'Eglise; elle fut l'œuvre d'une reine ambitieuse et jalouse et d'hommes qui avaient été exaspérés par les vexations et les cruautés huguenotes.

IV. — « *Il faut reconnaître que ce sont les catholiques*
« *qui, par le massacre de Vassy, ont commencé la*
« *lutte* ». (CALVET).

« *Les catholiques persécutèrent les protestants. Les*
« *protestants se défendirent. On en vint aux mains.*

(1) Le massacre fut présenté au Pape par le roi de France comme la répression nécessaire d'un complot tramé par les protestants contre la famille royale. A cette nouvelle, le Pape trompé félicita Charles IX comme actuellement les souverains se félicitent quand ils échappent à un attentat. Il n'applaudit donc pas au crime ni à l'acte de sauvagerie. D'ailleurs quand il connut la vérité, il blâma le roi.

« *Alors commencèrent d'horribles guerres civiles* ».
« (Devinat).

A cette insinuation tendancieuse, nous répondrons par des dates et des faits ; c'est plus loyal que d'affirmer ou de nier sans preuve.

Le massacre de Vassy eut lieu le *1ᵉʳ mars 1562*. Or, bien avant cette date, les protestants s'étaient signalés par leurs cruautés. En *1561*, à Paris, ils avaient saccagé l'église Saint-Médard et plusieurs autres. Dans un certain nombre de villes du Languedoc, ils s'étaient emparés à main armée de plusieurs églises ; à Montauban, à Béziers, à Castres, à Nîmes, ils avaient interdit tout culte catholique, arraché les religieuses de leurs couvents et forcé ces inno centes victimes à assister aux prêches ; à Montauban, ils y avaient poussé le peuple à coups de fouet et de nerfs de bœuf. Ceux qui avaient essayé de résister, avaient été mis en prison et fouettés jusqu'au sang ; plusieurs même avaient expiré sous les coups. Le *20 octobre 1561*, à Montpellier, les huguenots avaient pris les armes, s'étaient rués à l'improviste sur les catholiques, avaient tué avec le gardien des Cordeliers, près de 40 personnes et pillé plus de 60 églises ou chapelles.

Tout cela est antérieur au massacre de Vassy. Qui donc a commencé ?

Dans l'*Histoire de France*, publiée sous la direction de M. E. Lavisse, l'auteur du tome VI, M. Mariéjol, professeur à l'Université de Lyon, malgré son évidente partialité en faveur des protestants, est obligé de reconnaître que ce sont eux qui ont commencé la lutte. « Dans les provinces du Midi, écrit cet historien, il y avait des prêches en armes, des saccagements d'églises, des courses, des combats entre les bandes huguenotes et les troupes royales. Mouvans, choisi pour chef par les soixante églises (protestantes) de Provence, courait le pays plat, abattait les images et faisait jeter au creuset les objets du culte et les trésors d'orfévrerie *(avril 1561)*. Lui vaincu et la Provence soumise. Du Puy Montbrun reprit la lutte dans le Dauphiné (août 1561) ».

Tout cela, l'année qui précéda le massacre de Vassy. N'y a-t-il pas quelque mauvaise foi à passer ces faits sous silence.

V. — « *Coligny, grand patriote et général sans dé-*
« *faillance, égorgé, puis jeté par une fenêtre pendant*
« *là Saint-Barthélemy.* » — (CALVET.)

« *Coligny était un grand esprit et un grand cœur.* »
— (DEVINAT).

Coligny ne fut ni « un grand patriote », ni « un général sans défaillance ». Il fut au contraire un traître et un bourreau.

Il *fut traître à sa patrie*. Il signa à Hampton-Court, avec Elisabeth, reine d'Angleterre, un traité par lequel il s'engageait à lui livrer Honfleur, Le Hâvre et la Normandie pour 100.000 couronnes.

Ce traité est la honte éternelle de Coligny. A côté de cet amiral, Dreyfus, s'il est vrai qu'il a trahi la France, est un ange. Coligny vendit à l'Angleterre, non pas quelques pièces intéressant la défense nationale, mais des villes et une province.

En outre, si on le suit dans tout le cours de sa vie militaire, on le voit constamment occupé à pactiser avec l'étranger dans le but de faire envahir sa patrie par les troupes d'Elisabeth, du prince d'Orange et des princes allemands.

Coligny méritait donc, comme les traîtres, le dernier supplice. On ne doit regretter qu'une chose, c'est que ce soit l'indignation populaire et non pas la justice régulière qui l'ait puni.

Il fut un *abominable bourreau*. « Angoulême venait de tomber au pouvoir des huguenots, commandés par l'amiral. La ville s'était rendue à la condition expresse, jurée par les vainqueurs, que les catholiques, prêtres et laïques, y pourraient demeurer, sans être recherchés ni inquiétés. Or, voici comment Coligny et ses hommes tinrent leur promesse. A peine entrés dans la ville, ils jettent en prison les principaux citoyens. Puis les supplices commencent, en présence de Coligny qui s'en délecte, ou par son ordre.

Michel Grellet est étranglé. Jean Viroleau subit une honteuse mutilation, puis est massacré. Pierre Bonneau est pendu, Jean Avril, âgé de 80 ans, a la tête fendue et son corps est jeté aux lieux d'aisances. Trente catholiques sont enfermés dans une maison, et soumis à d'effroyables tortures. Quelques-uns sont attachés deux à deux, et privés de toute nourriture, pour que la faim les force à s'entredévorer. D'autres sont promenés sur des cordes tendues et sciés en deux. D'autres sont brûlés à petit feu. » (1)

En 1563, ayant pris Sully, l'amiral fit jeter 36 prêtres dans la Loire. A Pithiviers, il les fit tous pendre.

Et l'on dira, après ces horreurs, que Coligny fut un « général sans défaillance » !

VI. — « *Ce fut chez les uns et chez les autres la même*
« *absence de patriotisme. Les catholiques sollicite-*
« *ront les secours de l'Espagne, et les protestants*
« *s'allieront avec la reine d'Angleterre.* » (CALVET).

Dans l'*Histoire de France* de M. Lavisse, M. Mariéjol, quoique favorable aux protestants, fait observer que le cas n'est pas le même pour les uns et pour les autres. « *Un parti n'a pas les mêmes droits que le gouvernement établi.* (Alors, le gouvernement français avait à se défendre contre les protestants.) Celui-ci peut emprunter des soldats aux autres Etats ; une minorité en révolte est obligée pour se procurer les secours du dehors, de donner des gages, de livrer des villes », en d'autres termes, de trahir son pays.

Il y a donc patriotisme d'un côté, absence de patriotisme de l'autre.

VII. — « *Les prêtres et les moines font d'immenses pro-*
« *cessions, le casque en tête et tout armés, afin d'ex-*
« *citer le peuple à la guerre* ». (CALVET).

Les « immenses processions de prêtres et de moines armés » doivent être classées parmi les contes à dormir debout. Voici la vérité historique telle que nous la trouvons exposée dans l'*Histoire de France* de M. Lavisse : « Malgré les conseils du Connétable, les Bourbons n'étaient pas venus à Fontainebleau. Ils continuaient le jeu qui leur avait si mal réussi à Amboise ; ils entretenaient sous mains le mécontentement. Leurs partisans travaillaient l'opinion. Il courut une multitude de livrets, d'opuscules, de pamphlets, où l'ambition des Guise était dénoncée et leur tyrannie vouée à l'exécration publique. L'*Epitre envoyée au Tigre de la France* est un cri de fureur contre le cardinal

(1) *Idéal*, août 1909.

de Lorraine : « Tigre enragé ! vipère venimeuse ! sépulcre·
d'abomination ! etc... Les *passions excitées par ces appels*
sauvages faisaient rage. Dans les provinces du Midi surtout, il y avait des *prêches en armes*, des *saccagements*
d'églises... Mouvans, choisi comme chef par les 60 églises
de Provence, *courait le pays plat* (les voilà les processions·
en armes !) abattait les images, et faisait jeter au creuset·
les objets du culte ».

Il y avait plusieurs années déjà que les huguenots re-
crutaient des adhérents et « excitaient le peuple à la·
guerre » par ces moyens déloyaux, quand le clergé catholique songea à défendre la foi de ses ouailles.

Les prêtres et les moines n'employèrent pas les moyens·
de défense dont parle M. Calvet. Les religieux mendiants,
les Capucins principalement, allaient par les villes, villages·
et maisons des particuliers, admonester un chacun et exci-
ter les catholiques à défendre leur foi. Ils leur rappelaient·
les points principaux de la doctrine, insistant sur ceux qui
étaient niés par les protestants. Ils prêchaient aussi la réforme des mœurs et la pénitence ; on les croyait volontiers·
parce qu'ils donnaient l'exemple. L'opinion ne s'y trompait
pas : c'était à la vie exemplaire des Jésuites et des Capucins qu'elle attribuait la conservation de la religion dans·
notre pays. (1)

Que certains prédicateurs aient prononcé des discours·
passionnés, nous n'en disconviendrons pas. Mais les violences exercées par les protestants, la crainte que les traitements barbares infligés aux catholiques anglais par la·
reine Elisabeth ne se produisissent en France, rendaient·
ces excès inévitables.

CHAPITRE VIII

L'EGLISE AU XVIIe SIÈCLE

1. — « *Aux Etats généraux de 1614, le clergé et la*
« *noblesse, au lieu de s'unir au Tiers-Etat pour ar-*
« *rêter les progrès de l'autorité royale, ne songèrent*
« *qu'à le combattre* ». — (CALVET.)

Aux Etats Généraux de 1614, le Tiers-Etat demanda aux

(1) BAUDRILLART, O. c. p. 178.

deux autres ordres d'ériger en loi fondamentale du royaume « que le roi tient sa puissance immédiatement de Dieu seul ; qu'il ne peut en être privé par aucune puissance quelconque sur la terre ». Comme on le voit, la proposition ne visait à rien moins qu'à faire de la *monarchie absolue* un dogme national. En la formulant, les députés du Tiers, loin de chercher à arrêter les « progrès de l'autorité royale », tendaient à les favoriser. Aussi, le clergé, qui a toujours opposé des barrières à l'absolutisme des rois, refusa avec raison de s'unir au Tiers-état, et empêcha celui-ci de signer sa propre abdication.

Les progrès de l'autorité royale dont se plaint M. Calvet étaient dus à l'affaiblissement du pouvoir de l'Eglise que notre historien ne regrette nullement. Un profond penseur a dit : « Partout où s'affaiblit le pouvoir de l'Eglise, le pouvoir civil voit grandir sa puissance, de telle sorte qu'il n'y a rien de plus certain que ce fait : le despotisme civil prévaut surtout dans les pays où le pouvoir de l'Eglise est opprimé, et la plus sûre garantie de la liberté des races humaines est l'indépendance de l'Eglise. » (1). Il serait facile, si nous ne devions nous borner, de confirmer cette parole par l'histoire.

Au moyen-âge, l'Eglise était indépendante. Aussi, quelle abondance de vie démocratique circule dans la société ! Quelle sève de liberté dans les républiques italiennes ! Quelle indépendance chez les populations espagnoles ! Quelle fièvre démocratique dans les grandes cités des Pays-Bas ! Quelle autonomie dans les villes allemandes, qui forment tout autant de très libres républiques ! En France même, que de contrepoids à l'autorité royale.

C'est à partir du XVIe siècle, quand le droit païen commence à s'introduire dans nos lois, que le pouvoir royal prend de l'extension. Philippe le Bel le premier ose employer la formule : « Par la plénitude de notre puissance royale. » François Ier va plus loin ; c'est de son règne que date la formule : « Car tel est notre bon plaisir. » Au Moyen-Age, on n'eût pas osé parler ainsi. La maxime de cette époque était tout autre : « Le royaume n'est pas fait pour le roi, mais le roi pour le royaume. »

Le protestantisme vient fortifier encore l'autorité des

____

(1) Donoso Cortés, cité par Martin, *De l'avenir du protestantisme*, 335.

souverains en réunissant sur leur tête les deux pouvoirs, le pouvoir spirituel et le pouvoir temporel. On n'est pas surpris de trouver, dans la bouche de lord Molesworth (1692), cet aveu : « Tous les peuples des pays protestants ont perdu la liberté, depuis qu'ils ont changé de religion ».

La seule sauvegarde de la liberté contre l'absolutisme royal, c'est l'autorité suprême du chef de l'Eglise qui établit une distinction précise entre le pouvoir religieux et le pouvoir civil, et limite celui-ci par le fait même. Cela nous explique l'attitude hostile que les souverains prennent si souvent à l'égard de l'Eglise.

II. — « *Aux Etats généraux de 1614, le clergé et la* « *noblesse demandèrent que les non-nobles fussent* « *exclus de tous les emplois publics.* » — (CALVET.)

On chercherait en vain, dans les cahiers des trois ordres des traces d'une telle demande. M. Calvet ferait-il allusion à la proposition par laquelle la noblesse demandait la suppression de la *paulette* ? Dans ce cas, pourquoi l'attribuer au clergé ? D'ailleurs, supprimer la paulette, ce n'était pas « exclure les non-nobles de *tous* les emplois publics ». La paulette était une redevance annuelle que payaient les magistrats, chefs de la bourgeoisie, pour obtenir l'hérédité de leurs charges. La supprimer, ce n'était même pas exclure les non-nobles de la magistrature ; c'était tout simplement les empêcher de former une noblesse au sein du Tiers-Etat.

III. — « *Louis XIV voulut que tous ses sujets eussent* « *la même religion. Il commença par refuser systé-* « *matiquement aux protestants tous les emplois pu-* « *blics; il essaya ensuite d'acheter des conversions* « *à prix d'argent. Comme cela ne réussissait pas,* « *Louvois fit les dragonnades.* — *Le clergé, satisfait* « *de voir supprimer la liberté de conscience, accepte* « *sans protester ce régime de servitude.* » (CALVET).

« *Louvois donne à Louis XIV le mauvais conseil de* « *persécuter les protestants. D'odieuses mesures sont* « *prises pour les forcer à se faire catholiques.* » (GUIOT). — Voir aussi DEVINAT (p. 112) et BROSSOLETTE (p. 104).

Louis XIV fit ce qui s'était fait ailleurs. Dans toute l'Europe, la Réforme s'était faite par l'autorité des princes. Le pasteur Jurieu, célèbre par ses controverses avec Bossuet, ne craint pas de le dire : « Il est incontestable que la Réformation s'est faite par la puissance des princes : ainsi, à Genève, ce fut le Sénat ; dans d'autres parties de la Suisse, le grand conseil de chaque canton ; en Hollande, ce furent les Etats Généraux ; en Danemark, en Suède, en Angleterre, en Ecosse, les rois et les parlements. » Les souverains étaient ainsi devenus maîtres de l'âme comme du corps de leurs sujets. « Cette circonstance, dit un auteur (l'auteur du *Mémoire de 1802*), n'a pas peu contribué à l'accroissement du pouvoir qui a eu lieu pour la plupart des gouvernements de l'Europe, après la réformation, et qu'on peut regarder comme une suite de son influence. » Louis XIV, despote par nature, voulut imiter ces princes.

En Suède, en Hollande, en Angleterre, en Irlande, les catholiques avaient été exclus de tous les emplois publics. Louis XIV crut devoir en exclure les protestants dans son royaume ; il le fit toutefois avec moins de rigueur que les autres chefs d'Etat, puisqu'on put voir à la tête de ses armées les protestants Turenne, Schomberg et Duquesne. C'est d'ailleurs ce que font tous les despotes. Ne voyons-nous pas de nos jours, nombre de catholiques, « exclus des emplois publics » par les tyrans qui nous gouvernent ?

Pour implanter la Réforme en Allemagne, en Suède, en Angleterre, en Suisse, dans les Pays-Bas, les princes, nous l'avons vu, avaient eu recours à des violences sans nom. Pour convertir les protestants, Louvois fit les dragonnades ; c'était moins cruel. D'ailleurs, tous les despotes en arrivent là. N'avons-nous pas vu naguère des mobilisations considérables de gendarmes, de soldats, de dragons, pour chasser de chez elles d'inoffensives religieuses, uniquement parce qu'elles se réunissaient pour prier et faire le bien ?

Ce n'est pas à dire que nous approuvions la conduite de Louis XIV. L'Eglise condamne le despotisme partout où il se trouve. Et le clergé ne manqua pas de protester « contre le régime de servitude auquel le roi voulait soumettre ses sujets ».

Tandis que le peuple, les hommes d'Etat, les artistes, les beaux esprits applaudissaient aux mesures de violences exercées contre les protestants, le pape *Innocent XI* fit savoir au roi qu'il « n'approuvait ni le motif, ni le moyen de

ces conversions par milliers dont aucune n'était volontaire.»
Bossuet lui-même s'indignait contre cette intrusion de
Louis XIV dans les affaires religieuses : « On ne sait plus
en quel pays on est, disait-il, quand on voit le fond de la
religion remis à l'autorité temporelle et les princes en devenir les arbitres. » *Le Camus*, évêque de Grenoble, protesta
contre les dragonnades, et obtint que les troupes fussent
retirées de chez les protestants de son diocèse. *Coislin*,
évêque d'Orléans, n'ayant pu empêcher l'envoi d'un régi-
ment de dragons, le logea tout entier à ses frais, pour éviter
qu'on ne le mît dans les maisons des dissidents. *Bossuet*,
évêque de Meaux, se signala par la même vigilance à éviter
à ses diocésains la vexation des dragonnades ; il pouvait,
sans crainte d'être démenti, leur écrire ces paroles remar-
quables : « Loin d'avoir souffert des tourments, vous n'en
n'avez pas seulement entendu parler ; aucun de vous n'a
souffert de violence, ni dans ses biens, ni dans sa personne.
Je ne vous dis rien que vous ne disiez aussi bien que moi. »
Fénelon, qui organisa des missions en Poitou, mit pour
condition à son entreprise, que le roi n'enverrait aucun
soldat et interdirait toute mesure de rigueur. Nous pouvons
donc conclure avec M. Guizot (*Histoire de France racontée
à mes petits enfants*, t. IV, 445) : « A une époque où la
liberté religieuse était mal comprise par les plus grands
esprits, les évêques la comprenaient mieux que tous leurs
contemporains, et ils ne faisaient en cela qu'imiter l'exemple du Pape. »

On voit par là ce qu'il faut penser de cette autre affirmation de M. Calvet : « *De temps à autre, pour mieux assurer
l'obéissance du clergé, Louis XIV persécutait quelques hérétiques ; cela faisait plaisir à l'Eglise*».

D'ailleurs, Louis XIV ne se borna pas à traquer les protestants ; il s'attaqua aussi aux catholiques. Afin d'augmenter les ressources du trésor, il chercha à s'emparer des
revenus de certains diocèses. Pour affermir son pouvoir
et mettre un frein à ce qu'il appelait les *prétentions ultramontaines* du Pape, il fit ériger en loi d'Etat la *Déclaration de 1682*. L'ambassadeur de France auprès du Saint-
Siège, comme ceux des autres nations, jouissait de certains privilèges qui étaient devenus, à Rome, une source
d'abus et de désordres ; le Pape ayant supprimé ces privilèges, Louis XIV voulut les défendre par la force. —
Dans ces trois circonstances, le Souverain Pontife, non

seulement « protesta contre le régime de servitude » que le roi voulait établir en France, mais refusa de le subir ; et Louis XIV capitula.

C'est ainsi que l'Eglise se conduit en face de tous les despotes de tous les temps. De nos jours encore, elle « proteste contre le régime de servitude » auquel nos Jacobins veulent nous soumettre. Si son exemple était suivi, il y aurait actuellement en France, assurément beaucoup moins d'esclaves.

IV. — « *Louis XIV établit la monarchie absolue, pré-*
   « *tendant tenir son pouvoir de Dieu. L'Eglise con-*
   « *tribua à répandre cette doctrine, et dès lors, dans*
   « *les idées du temps, toute révolte contre l'autorité*
   « *royale fut considérée comme un vrai sacrilège* ».
   — (CALVET).

M. Calvet tient à rendre l'Eglise responsable et complice de la doctrine du droit divin des rois. Il sera sans doute surpris d'apprendre que jamais l'Eglise n'a soutenu pareille doctrine. Elle a prêché l'obéissance à ses fidèles, en leur rappelant cette parole de saint Paul : « Tout pouvoir vient de Dieu ». Jamais elle n'a enseigné que Dieu ait nominalement choisi tel roi, tel empereur pour gouverner les peuples, et qu'il lui ait confié un droit inadmissible. C'est là la théorie des légistes païens qui vivaient à la cour des empereurs d'Allemagne et de Philippe le Bel, la théorie des réformateurs luthériens et des conseillers des rois protestants d'Angleterre. Mais nos grands docteurs, pas plus que la hiérarchie de l'Eglise, n'ont jamais professé pareille doctrine ; au contraire, ils l'ont toujours combattue. Ainsi, sur l'ordre du pape Paul V, le jésuite Suarez composa, en 1617, un ouvrage pour répondre au roi d'Angleterre Jacques Ier, qui soutenait le droit divin, et il concluait en disant : « Le pouvoir des rois est donc une institution humaine, il a sa source immédiate dans la volonté des hommes ; c'est par l'intermédiaire des hommes que le pouvoir est donné aux rois ». (*Défense de la foi*, l. III., c. II). — On se rappelle qu'aux Etats Généraux de 1614, le Tiers-Etat voulait ériger en loi fondamentale du royaume « que le roi tient sa puissance immédiatement de Dieu seul » et que ce fut le clergé qui fit échouer son projet.

On trouve, à ce sujet, une autre réflexion qui étonne chez M. Calvet : « *Aux États Généraux de 1484, un dé- puté de Bourgogne, Philippe Pot, soutint que le peuple seul avait qualité pour confier le gouvernement à qui il lui plai- sait. Nous pouvons constater que quatre siècles avant la Révolution, il se trouvait des hommes assez éclairés pour reconnaître que tout pouvoir doit émaner du peuple* ».

Si notre historien avait lu les œuvres de nos grands théologiens qui vivaient aux XIe, XIIe, XIIIe et XIVe siècles, c'est-à-dire bien avant Philippe Pot, il aurait cons- taté qu'il y avait alors de nombreux hommes d'Eglise « assez éclairés pour reconnaître que tout pouvoir doit émaner du peuple ! » Il y aurait trouvé des phrases comme celle-ci : « L'élection des princes appartient au peuple ». (Saint-Thomas, *Somme théologique*, 1re, 2me, q. 105 a. 1.) « Puisqu'une nation a le droit de choisir son roi, elle ne commet aucune injustice, en le déposant, quand son pou- voir dégénère en tyrannie ». (Saint-Thomas, *Du gouverne- ment des princes*, 1. I., c. 6.)

La Révolution, en rappelant que le pouvoir doit émaner du peuple, n'a donc fait que revenir aux traditions du Moyen-Age. Mais elle a oublié d'ajouter, avec nos grands docteurs, que le peuple tient le pouvoir de Dieu.

Si telle a toujours été la doctrine de l'Eglise, elle ne pou- vait considérer comme « un vrai sacrilège », une révolte contre l'autorité royale. Elle défendait la révolte au même titre qu'elle la défend encore aujourd'hui, comme elle dé- fend à l'enfant de se révolter contre son père. M. Calvet n'a qu'à ouvrir un manuel quelconque de théologie ; il verra que la doctrine catholique, sur ce point, n'a pas varié.

V. — « *Par la révocation de l'édit de Nantes, Louis* « *XIV força les protestants à quitter le royaume, ce* « *qui porta un coup mortel à l'industrie et au* « *commerce* ». (CALVET).

« *La France est ruinée par le départ de ses meil-* « *leurs commerçants et industriels* ». (GUIOT).

Si l'on examine la révocation de l'édit de Nantes, au point de vue de ses conséquences industrielles et commer- ciales, il faut dire qu'elle ne fut pas la cause principale de la décadence économique de la France. De Ségur-Dupeyron, après un examen approfondi de la question, tire la conclusion suivante: Le déclin momentané qui frappa notre industrie pendant la seconde moitié du règne de Louis XIV, est *dû aux malheurs de la guerre*, et non à la révocation de l'édit de Nantes. (*Hist. des négociations maritimes et commerciales de la France au XVIIe et au XVIIIe siècles*, t. II). Dans l'*Histoire de France* de Lavisse, l'auteur du tome VIII qui vient de paraître, présente la même conclusion.

Après avoir constaté que MM. Calvet, Guiot et Cie mettent de la passion dans cette question comme dans beaucoup d'autres, nous pourrions passer à un autre sujet. Mais examinons la révocation de l'édit de Nantes dans ses causes ; ce sera peut-être le moyen de fournir réponse à certaines déclamations que l'on fait parfois à propos de cet événement.

L'édit de Nantes, porté par Henri IV, en 1598, avait donné aux protestants des droits que nous ne discuterons pas ici ; mais il leur accordait de plus 150 places fortes, et le contribuable français devait fournir son argent pour les entretenir.

Supposons donc que l'on donne à l'un des partis qui divisent la France d'aujourd'hui, 150 de nos places et qu'on nous dise à nous, contribuables : « Vous allez payer cet entretien ». — Cela nous ferait le même effet que, quand nous avions, en 1871, à entretenir dans nos villes françaises, les Allemands, après les conclusions du traité de Francfort. — La France sentait bien que si, dans ces 150 places, il y avait des cœurs français, le parti ne l'était pas... « L'existence du parti protestant, dit M. Hanotaux, était une menace perpétuelle pour l'unité nationale. Il était l'allié naturel de tous les ennemis de la couronne. Tant qu'il subsistait comme organisation politique, l'unité du royaume était irréalisable ; tant qu'il subsistait comme organisation militaire, aucune entreprise de longue haleine au dehors n'était possible ». — Michelet en avait déjà fait la remarque : « A cette époque, la France, bornée dans ses succès par la Hollande, sentait une autre Hollande (les protestants) en son sein qui se réjouissait des succès de l'autre ». Aussi, l'opinion publique se prononçait avec énergie contre les protestants : « Il y avait contre eux, dit Michelet, une grande exaspération. C'est ce qui décida en 1685 la révocation de l'édit de Nantes, « afin, disait Louis XIV, de rendre à la religion sa splendeur, à l'Etat sa tranquillité, et à l'autorité tous ses droits ». Ce sont surtout les deux derniers motifs qui influencèrent le roi ; son absolutisme n'admettait aucune résistance. (1)

On sera moins étonné d'un tel despotisme, si l'on observe que, dans toute l'Europe, les souverains protestants en agissaient ainsi.

En Allemagne, la paix d'Augsbourg portait expressément que les sujets des princes luthériens devaient embrasser la religion de leur souverain, ou être exilés, après avoir payé une indemnité à l'Etat.

En Angleterre, de 1660 à 1685, près de quarante mille catholiques furent, ou emprisonnés, ou bannis ou même exécutés, et quinze mille familles furent complètement ruinées.

En Irlande, Cromwel chassa plusieurs milliers de catholiques sur le continent et en embarqua plusieurs autres milliers pour les Indes.

En Norvège, pendant plus de deux siècles, le culte catholique fut complètement interdit : tout catholique était banni et ses biens confisqués.

Tout cela, cependant, n'excuse pas Louis XIV.

On dit parfois que le clergé avait poussé le roi à la révocation de l'édit de Nantes. Voltaire ne paraît pas de cet avis. (*Œuvres*, t. XXIX). De fait, tandis que Louis XIV et ses ministres désiraient et préparaient par tous les moyens cette révocation, jamais les *Assemblées du Clergé* ne proposèrent cette mesure : on ne trouve dans leurs délibérations aucun vœu en ce sens. Le Pape Innocent XI ne l'avait pas demandé, non plus ; il la connut seulement après l'exécution ; et il fit savoir au roi qu'il n'approuvait pas sa conduite. Les évêques de France eux-mêmes s'efforcèrent, par leur influence, d'atténuer les effets de cet acte malheureux ; l'historien protestant Guizot en fait la remarque : « L'adoucissement tacite des rigueurs contre les réformés, de 1688 à 1700, fut le fruit des représentations de Bossuet, de Fénelon et du cardinal de Noailles ». (2)

(1) Voir Désers : *L'Eglise catholique*, p. 249.
(2) *Ouvr. cité*, t. IV, 445.

VI. — « *Que pensez-vous du droit divin ? Est-il d'ac-*
« *cord avec les enseignements de la raison ?* » —
« (CALVET).

Ce que nous en pensons, nous l'avons déjà dit. Pour
compléter notre réponse, nous citerons le sentiment d'un
auteur, qui reflète parfaitement la pensée même de l'Eglise.
« C'est vers la fin du XVIIe siècle, dit le P. Maumus (1),
que prévalut la doctrine du pouvoir de droit divin, *doctrine*
néfaste pour les peuples aussi bien que pour les rois. Un
pouvoir de droit divin est un fardeau trop lourd pour un
homme qui n'est pas soutenu, d'une manière spéciale, par
la force d'En-Haut. Entouré de toutes les séductions et de
toutes les ivresses d'une puissance illimitée, élevé sur une
cime d'où il ne voit plus au-dessus de lui que Dieu, et au-
dessous, bien loin, les hommes, il est difficile qu'il ne soit
pas pris de vertige, et qu'il ne tombe pas dans l'abîme d'un
despotisme intolérable. Comment ne s'imaginera-t-il pas
que sa volonté est la loi, qu'il n'a que des droits et que les
peuples lui appartiennent, que son bon plaisir est la règle
suprême devant laquelle il n'y a plus qu'à s'incliner ? Ca-
resser l'orgueil des rois par cette doctrine, si pleine de
dangers, c'est vouloir les perdre, car le règne de l'erreur
n'est pas éternel, et, tôt ou tard, la vérité reprend son empire. En disant aux princes que leur pouvoir ne vient que
de Dieu, les courtisans commirent une imprudence fatale
dont la royauté fut la victime ».

Et maintenant, nous sera-t-il permis de nous étonner de
l'importance que M. Calvet donne à la raison ? Il veut qu'on
n'admette que les enseignements de la raison. Mais il nous
a dit plus haut que « les hommes peuvent penser de façons
fort différentes » ; pourquoi dès lors chercher si la doctrine
du droit divin est d'accord avec la faculté de penser, avec
a raison ? D'après la théorie elle peut être d'accord avec la
raison de l'un et contraire à la raison de l'autre. Sur cette
question, « les hommes peuvent penser de façons fort différentes » ! N'y a-t-il pas là une contradiction ?

VII. — « *Les protestants qui résistent au roi sont en-*
« *voyés sur les galères ou bateaux plats de la*
« *Méditerranée. Mal nourris, demi-nus, enchaînés à*

____

(1) *La République et la politique de l'Eglise,* p. 19.

« *leur banc, ils rament sous le brûlant soleil. Le*
« *nerf de bœuf de leurs gardiens tombe sur leurs*
« *épaules.* » (BROSSOLETTE).

C'est un effroyable abus de l'ancien régime que ces galères. Pour recruter des rameurs, on faisait des rafles dans
les environs de Toulon et de Marseille ; rafles de bohé-
miens et de vagabonds, mais tant pis si, dans les filets, on
ramenait un honnête homme.

Saint Vincent de Paul, dans un de ses voyages à Marseille, visita l'arsenal et le bagne des forçats. C'est là que,
rencontrant un innocent, arrêté dans une de ces rafles dont
nous venons de parler, il obtint sa grâce du capitaine-
commandant. Mais celui-ci ne pouvait dégarnir un banc de
rameurs. Il lui faut un remplaçant. « Achetez un Turc »,
dit-il à M. Vincent (c'est ainsi qu'on appelait alors saint
Vincent de Paul). On n'en trouva pas. M. Vincent, pour
assurer la délivrance de l'innocent, prit alors les fers de ce
malheureux. Ses biographes s'accordent à dire qu'il souf-
frit toute sa vie d'une plaie à la jambe pour avoir porté les
fers du forçat.

Rien de plus pénible que la situation de ces malheureux,
attachés sur leur banc, les épaules nues, sur lesquelles
court fréquemment l'horrible sifflement du nerf de bœuf de
leur gardien.

Emu de leur situation, M. Vincent obtint que les prêtres
de la Mission, congrégation qu'il avait fondée, fussent, à
titre d'aumôniers, chargés de s'occuper d'eux, de leurs intérêts matériels et spirituels. Parfois la nourriture qu'on
leur donnait, fournie à l'adjudication, était repoussante ;
les Lazaristes écoutaient leurs doléances et intervenaient
auprès des autorités. De là, des froissements. D'autres fois
ils essayaient de faire adoucir leur sort ; et les gouverneurs
de la ville, le commandant en chef des galères, les intendants se plaignent de leur intervention. N'est-ce point à
leur éloge ?

Les pauvres forçats ont des parents ou des amis qui s'in-
téressent à leur sort, qui veulent leur envoyer quelque argent. Comment s'y prendre ? M. Vincent se chargea, avec
ses prêtres, d'être leur banquier, leur agence postale.

Or voici ce que dit M. Bayet : (*Leçons de morale* — condamné par l'Episcopat) : « Les aumôniers des galériens,
presque tous, étaient des lazaristes fort durs. Ils furent les

très cruels persécuteurs des forçats protestants ; ils les empêchaient de recevoir les charités de leurs frères ; quiconque était surpris distribuant cet argent devait mourir sous le bâton. »

Que faut-il en penser ? M. Bayet copie et résume Michelet. Il en est encore à Michelet ! Il ignore donc que cet historien n'a plus aucune autorité ! Il n'a donc pas lu ce que M. Langlois, historien qui n'est pas des nôtres mais qui s'efforce d'être impartial, en a dit récemment : « Que reste-t-il aujourd'hui de l'*Histoire* de Michelet ? On la lit, je crois, de moins en moins, et surtout les personnes cultivées ne la lisent plus en tant qu'histoire pour savoir ce qui s'est passé autrefois : elles la lisent comme un poème plein de vérités et d'erreurs, pour s'enchanter du spectacle de la force d'expression qui s'y déploie. » Il ne sait donc pas que Michelet lui-même, sur la fin de sa vie, a reconnu qu'il avait fait souvent « œuvre d'artiste bien plus que d'historien », qu'il avait parfois « tout immolé à l'effet artistique ».

Au moins, pour le cas présent, Michelet est-il sérieusement documenté ? Pour toute référence de ses assertions, il cite Marteilhe. Qu'était-ce Marteilhe ?

Né à Bergerac en 1684, mort en 1777, il a écrit les *Mémoires d'un protestant condamné aux galères de France pour cause de religion* qui furent édités à Rotterdam en 1757. Son ouvrage n'est qu'un pamphlet haineux d'un huguenot passionné contre des prêtres catholiques. Page 341 il parle du supérieur des missionnaires de Marseille, Garcin, dont il fait un portrait affreux, alors que c'était un homme estimé de tous.

Voilà l'homme dont s'inspire Michelet. Il pouvait consulter les archives de la Marine (Bb 122-450), parcourir les mémoires et rapports des gouverneurs de Marseille, des intendants de la province, des commandants en chef des galères : il s'en garde bien ; il n'écoute que les racontars d'un sectaire et d'un renégat.

On comprend, après cela, que « les personnes cultivées ne lisent plus l'Histoire de Michelet pour savoir ce qui s'est passé autrefois. » (LANGLOIS.)

Si M. Bayet veut garder sa réputation de « personne cultivée », il fera bien de supprimer dans ses *Leçons de morale*, le passage que nous venons de critiquer.

CHAPITRE IX

L'ÉGLISE AU XVIIIᵉ SIÈCLE

1. — « *Ce nom de Voltaire est très justement cher à* « *la France moderne.* » (CALVET.)

Et pourquoi ?

1° *Parce qu'il fut l'ennemi de la France et des Français !*

Lisez plutôt ce qu'il écrivait à leur sujet : « Je mourrai bientôt et ce sera en détestant le pays des singes et des tigres, où la folie de ma mère me fit naître, il y a bientôt 73 ans. » (Lettre à d'Alembert, 1766.)

— « L'uniforme prussien ne doit servir qu'à faire mettre les Welches (les Français), à genoux. Allez, mes Welches (mes Français), vous êtes la chiasse du genre humain ! » (Lettre au roi de Prusse, après sa victoire sur les Français à Rosbach.)

Après de telles amabilités, on comprend que la France doive le chérir !

2° *Parce qu'il fut l'ennemi de tout ce qu'aime la France moderne !*

— Ennemi du peuple. — « Le peuple sera toujours sot et barbare. Ce sont des bœufs auxquels il faut un joug, un aiguillon et du foin. » (Lettres de Voltaire à Tabareau, 1769.)

— Ennemi de l'égalité. — « Le système de l'égalité m'a toujours paru l'orgueil d'un fou. » (Lettre de Voltaire au duc de Richelieu, 1769.)

— Ennemi de l'instruction pour tous. — « Il est à propos que le peuple soit guidé, et non pas qu'il soit instruit ; il n'est pas digne de l'être. » (Lettre à Damilaville, 1766.) — « Il me paraît essentiel qu'il y ait des gueux ignorants. Ce n'est pas le manœuvre qu'il faut instruire, c'est le bon bourgeois. Quand la populace se mêle de raisonner, tout est perdu. » (Lettre au même, 1766.)

— Ennemi de la vérité. — « Le mensonge est une très grande vertu quand il fait du bien... Il faut mentir comme un diable, non pas timidement, non pas pour un temps, mais hardiment et toujours. » (Lettre à Thériot, 1736.

Voilà, en vérité, bien des titres à notre affection ! Si nous ne chérissons pas Voltaire, après cela, il faudra avouer que nous avons le cœur bien dur !

**

Pourquoi encore faut-il le « chérir » ?

Ceux qui l'ont connu vont nous le dire :

— Ecoutons le roi de Prusse : « Voltaire est le plus méchant fou que j'aie connu de ma vie. » — « Il est étonnant que cet homme ait une âme aussi lâche et soit si méprisable par sa conduite et par son caractère. » (*Œuvres de Frédéric II*, t. 20.)

— Ecoutons sa nièce, Mme Denys : « L'amour de l'argent vous tourmente : vous êtes le dernier des hommes par le cœur. » (Lettre à son oncle, 1754.)

— Ecoutons J.-J. Rousseau : « Vous me parlez de Voltaire ! Pourquoi le nom de ce baladin souille-t-il vos lettres ? Le malheureux a perdu ma patrie : je le haïrais davantage, si je le méprisais moins !.. (*Correspondance*, p. 105.)

— Ecoutons Marat : « Voltaire, qui ne montra d'originalité que dans la finesse de ses flagorneries, écrivain scandaleux qui pervertit la jeunesse, et dont le cœur fut le trône de l'envie, de l'avarice, de la malignité, de la vengeance, de la perfidie, et de toutes les passions qui dégradent l'espèce humaine. » (*L'Ami du Peuple*, 6 avril 1791.)

Devant un pareil portrait, qui ne se pâmerait d'admiration et d'amour !

**

Pourquoi enfin faut-il « chérir » le patriarche de Ferney ?

Un universitaire, pas du tout clérical, M. Lanson, va nous répondre dans une monographie qu'il a publiée récemment sur Voltaire.

Voltaire historien. — M. Lanson reconnaît qu'il « multiplie les erreurs et les inadvertances » dans *Le siècle de Louis XIV*, et que « très souvent l'histoire est faussée » dans l'*Essai sur les mœurs*. « Voltaire, dit-il, jongle avec les textes. On ne finirait pas de faire le compte de ses légèretés, de ses bévues, de ses inexactitudes, de ses fantaisies. Il n'a rien de la méthode prudente, de la sévérité scrupuleuse des érudits d'aujourd'hui. » (p. 163.)

Voltaire homme de science. — « Un homme instruit de

nos jours, et qui sait les conditions de la recherche de la vérité, ne se munit plus de connaissances chez Voltaire. » (p. 217.)

Voltaire homme d'esprit. — On vante son esprit, mais on oublie trop souvent d'ajouter qu'il est obtenu en employant l'ordure et en attaquant les choses les plus respectables. « Il n'y a rien de plus ordurier, de plus haineux, de plus bouffon dans l'œuvre de Voltaire, que ce qu'il a écrit sur les origines chrétiennes. Renan en a prononcé la condamnation définitive. Ni la science, ni le goût du temps, n'autorisent à revenir sur cette condamnation. » (p. 171.)

Voltaire démocrate. — M. Lanson nous dépeint Voltaire à 30 ans, sous les traits d'un « bourgeois », avec l'ambition de s'anoblir, l'amour et l'orgueil de l'argent, des belles relations. Il a une moralité de coulissier, le mépris du petit gain journalier qui s'achète durement, le respect du gros négoce et de la spéculation, le goût de la vie confortable, des beaux meubles, des bijoux, un luxe de parvenu. » (p. 25.)

Voltaire courtisan. — Il vend la flatterie à beaux deniers comptants, aux grands, au roi, à ses maîtresses, Mme de Châteauroux, et après elle, Mme de Pompadour (p. 76).

Et quand on pense que c'est un ennemi de l'Eglise qui nous trace un pareil portrait de Voltaire ! On comprend que « la France moderne doive chérir » un homme qui possède tant de qualités et de mérites !

*
* *

Qui donc va nous donner les titres de Voltaire à notre reconnaissance et à notre affection ? M. Calvet lui-même et M. Aulard :

II. — *« Voltaire a eu l'immense mérite de prêcher et de « contribuer à répandre en France et en Europe « cette vertu inappréciable qu'on appelle la tolérance « religieuse ».* — (CALVET.)

« Partout il plaide la cause de l'humanité et de la « liberté avec autant de cœur que d'esprit ». — (AULARD.)

Eh bien, n'en déplaise à ces Messieurs, le patriarche de Ferney n'eut aucun mérite à prêcher la tolérance. Voici pourquoi.

1° *Parce que* Voltaire ne prêcha la tolérance que dans

les cas où il devait en bénéficier le premier et dans la mesure où son attitude devait lui être utile. M. René Doumic,
dans une *Histoire de la littérature* très appréciée des universitaires, en fait la remarque : « C'est seulement quand
il se sent porté par l'opinion de toute l'Europe que Voltaire
intervient... Il est moins un apôtre de la tolérance qu'un
adversaire de la Religion ». Brunetière avait déjà écrit :
« Partout et toujours, il attend qu'un courant d'opinion se
dessine et que de la complicité du public, il puisse ainsi
retirer un surcroît de gloire et de popularité ». (1)

2° *Parce que* même ses interventions tapageuses en faveur du chevalier de la Barre, de Calas et d'autres, loin
d'être inspirées par un sentiment profond de tolérance, ne
furent que du bluff. A la veille de l'affaire Calas, il s'en
amuse avec son ami d'Argental : « Le monde est bien fou,
mes chers anges ; pour le parlement de Toulouse, il juge ;
il vient de condamner un ministre de mes amis à être
pendu, trois gentilshommes à être décapités, et cinq ou six
bourgeois aux galères ; le tout pour avoir chanté des chan-
sons de David. Ce parlement de Toulouse n'aime pas les
mauvais vers ». Il plaisante aussi sur le malheureux Lally-
Tollendal : « Vous souciez-vous, écrit il à d'Alembert, du
bâillon de Lally et de son gros cou, que le fils aîné de monsieur l'exécuteur a coupé fort maladroitement pour son
coup d'essai ? » Quand on est convaincu et qu'on a du
cœur, on ne parle pas avec cette désinvolture.

3° *Parce que* la tolérance qu'il prêchait, Voltaire ne la
pratiquait pas.

Il fut le plus intolérant des hommes. Il déploya contre
ses adversaires littéraires, religieux, politiques, une ardeur
de persécution qui lui eut fait pousser des cris de fureur
chez un autre que lui-même.

Un nommé Clément écrivit un jour que M. de Voltaire
était le neveu du pâtissier Mignot. Aussitôt ce noble orgueilleux s'indigna et demanda au chancelier Maupéou « la
suppression » de celui qui l'avait injurié. Il ne *tolérait* pas
qu'on écrivit contre sa fausse noblesse.

Le comédien Poisson lui ayant dit une fois un mot un
peu dur, Voltaire chercha à le faire embastiller, « un
homme de sa condition ne se battant pas contre un comédien ».

(1) *Etudes critiques*, t. 1.

Le journaliste Fréron n'avait pas eu assez d'égards pour Voltaire ; celui-ci donna un exemple de tolérance en faisant supprimer son journal !

Dans un ouvrage, La Beaumelle avait mal parlé du grand homme. Celui-ci fit aussitôt demander à M. de Saint-Florentin d'interdire « une nouvelle édition du volume où il lui est manqué de respect ».

On sait d'ailleurs qu'à force d'intrigues, Voltaire finit par faire placer à la censure uniquement des amis qui arrêtaient et interdisaient tout écrit où il lui était manqué de respect.

Voilà la tolérance de Voltaire ! (1)

III. — « *On peut dire que, grâce à lui, des actes comme* « *la Saint-Barthélemy ou la révocation de l'édit de* « *Nantes, sont devenus impossibles.* » (CALVET).

Vraiment ? — Il faudrait n'avoir pas vécu pendant le dernier siècle, pour écrire de pareilles énormités.

M. Calvet n'a donc pas lu dans le journal du révolutionnaire Prudhomme, *Les Révolutions de Paris*, que plus de deux millions de Français périrent par le fait de la Révolution ? Il ne se souvient donc plus des pétroleurs et des pétroleuses de la Commune et du massacre des otages ? Il a donc oublié l'affreuse tuerie de Chateauvilain ? Il ignore donc l'assassinat de Marguerite Bonnevie, d'Hippolyte Debroise et d'autres, tués uniquement parce qu'ils étaient catholiques ? Il n'a donc pas lu dans les journaux qui lui sont chers, des excitations au meurtre comme celle-ci : « Il n'y a qu'un parti à prendre avec les catholiques, celui qu'avaient pris nos pères, rétablir la guillotine en permanence ? » (2)

Ces faits, et d'autres encore, nous montrent que, même après Voltaire, « des actes comme la Saint-Barthélemy » sont possibles, qu'il s'en est produit et que les excitations de la presse nous en préparent pour l'avenir.

Nous rappellerons aussi à M. Calvet que les émigrés catholiques de la Révolution ont été si nombreux, plus nombreux même que les émigrés protestants après la révocation de l'édit de Nantes.

(1) Voir *Revue pratique d'apologétique*, 15 février 1909.
(2) *La Petite République*, 15 août 1896.

Nous lui demanderons, en outre, combien de religieux et de religieuses ont été récemment spoliés et contraints de chercher un asile à l'étranger ? Les victimes de M. Combes et de ses successeurs ne sont-elles pas aussi nombreuses que celles de Louis XIV ?

On nous dira : Les religieux n'étaient pas obligés de passer la frontière. Ils n'avaient qu'à quitter la congrégation, renoncer à leurs vœux et se marier, comme l'a dit brutalement M. Combes.

A cela, nous répondons : Les protestants n'avaient qu'à abandonner le Protestantisme et ils auraient eu immédiatement droit de cité en France ! Le cas est le même.

On pourrait continuer la comparaison à propos des spoliations plus ou moins récentes dont le clergé séculier a été la victime. Les prêtres séculiers auraient pu peut-être éviter ce désastre matériel en formant des associations cultuelles ; mais former des associations de ce genre, c'était sortir de l'Eglise, c'était renoncer au Catholicisme. — Au XVIIe siècle, les protestants ont préféré l'exil ; au XXe siècle, le clergé catholique préfère la spoliation.

Dans leur pétition contre le projet Briand et le « vol des fondations pieuses », les pasteurs de l'Eglise réformée de France ont fait la même remarque. « Le gouvernement ne s'est pas avisé qu'il ressuscitait certaines pratiques de l'ancien régime ; quand Louis XIV rendait les ordonnances par lesquelles il confisquait au profit des hôpitaux les biens des consistoires supprimés, il prétendait légitimer cette spoliation en affirmant hautement que ces biens « ne pouvaient être mieux employés qu'en soulageant les pauvres. »

Quoiqu'on en dise, l'intolérant Louis XIV a des émules au XXe siècle et il en aura dans les siècles futurs, tant il est vrai que l'intolérance est naturelle à l'homme.

Note. — UNE SAINT-BARTHÉLEMY AU XXe SIÈCLE

29 juillet 1909. — Les élèves et les professeurs se sont sauvés. Miracle. L'église de San Pablo est en flammes ; nombre d'autres églises et couvents sont en train de brûler. Dans le quartier Pueblo Nuevo, de Barcelone, le monastère des Maristes a été attaqué par une foule énorme. Après une bataille terrible, les révolutionnaires prirent d'assaut le bâtiment, le pillèrent et le brûlèrent ; nombre de moines furent tués, d'autres furent blessés en grand nombre ; quatre d'entre eux sont blessés à mort. Le couvent était déjà ravagé qu'une forte colonne d'infanterie et d'artillerie faisait son apparition et attaquait les révolutionnaires : d'où un combat en règle.

30 juillet 1909. — Quantité de prêtres et de sœurs ont été féroce-
ment massacrés, quelques-uns sur les marches de l'autel, tenant un
crucifix à la main, d'autres, pendant qu'ils défendaient bravement
leurs établissements contre les révolutionnaires.

Lorsque je revenais du port, j'assistai au spectacle le plus étrange
qui puisse impressionner l'œil humain. Une masse de révolutionnaires, dix mille environ, avançaient le long des rues avec les restes
carbonisés de leurs victimes ; ils avaient placés les cadavres, les
jambes et la tête sur de longues perches, et, aux cris de « vivats ! »
et du chant de la *Marseillaise*, ils donnèrent non seulement à la po-
lice, à la garde civile et aux soldats des exemples de leur férocité,
mais ils passèrent, si l'on peut employer cette expression vulgaire,
sous le nez même du capitaine général qui se trouvait alors à la
tête de ses troupes et n'osa faire tirer sur les révolutionnaires.

Je me suis risqué, hier, à visiter la cité et me suis rendu sur les
hauteurs qui avoisinent Montjuich. En revenant, j'ai vu des femmes, des garçons et des petites filles qui aidaient les incendiaires à
mettre le feu à un couvent.

(Echo de Paris, du 29 et du 31 juillet 1909.)

Ceci se passait à Barcelone en plein XXe siècle, bien
longtemps après la mort de Voltaire ! Preuve que « des
massacres comme la Saint-Barthélemy sont encore possibles ! »

V. — « *Voltaire intervint en faveur de Calas et de*
« *Sirven condamnés à mort pour des actes qu'ils*
« *n'avaient pas commis et dont le seul crime était*
« *d'être protestants.* » — (CALVET).

Jean Calas était un marchand d'étoffes de Toulouse. Il
avait quatre fils et deux filles. Tous appartenaient à la religion protestante.

En 1759, Louis, le troisième fils, se convertit au catholicisme. Sa mère vit cette conversion de très mauvais œil ;
toutes les fois qu'elle rencontrait son fils, « elle se trouvait
mal » ; et ne cessait de dire que « ses maux ne finiraient
qu'autant qu'elle saurait Louis pendu ». Jean Calas alla
plus loin dans son ressentiment. Il enferma son fils dans
une cave où celui-ci resta 15 jours et d'où il ne put s'échapper que grâce à la complicité d'une servante.

Deux ans plus tard, l'aîné de la famille, Marc-Antoine,
annonça son intention d'abjurer aussi. Dès lors, il fut en
butte à toutes sortes de mauvais traitements. Le 1er octobre
1761, une Toulousaine, nommée Marie Couderc, entrant
chez Calas pour acheter des indiennes, vit le père tenant
son fils aîné au collet dans un coin de la boutique et lui

disant : « Coquin ! il ne t'en coûtera que la vie ». De fait, le 14 octobre 1761, veille du jour où Marc-Antoine devait recevoir la communion, il était étranglé. Son père, Jean Calas, fut roué vif comme coupable de ce crime.

* *

Voilà des faits. Ils sont consignés dans des actes officiels (Compte rendu de la Procédure conservé aux archives de l'ancien Parlement de Toulouse). On est malvenu, après cela, d'écrire, pour tromper ceux qui ignorent l'histoire, que « Calas fut mis à mort pour des actes qu'il n'avait pas commis et que son seul crime était d'être protestant. »

Il est à remarquer que Calas fut réhabilité après sa mort. Mais Dareste et, avec lui, nombre d'historiens affirment que cette réhabilitation était loin d'être motivée (*Histoire de France*, tome VI). En tout cas, sa qualité de protestant ne fut pour rien dans sa condamnation.

Quant à Sirven, il fut condamné à mort, non parce qu'il était protestant, mais pour avoir noyé sa fille. Celle-ci, pour échapper aux mauvais traitements qu'elle subissait chez son père, s'était retirée dans un couvent. Sirven, craignant qu'elle ne prononçât ses vœux, la fit mourir. Et l'on voudrait le faire passer pour une victime de l'intolérance !

VI. — « *Voltaire ne put sauver le chevalier de la*
« *Barre exécuté pour avoir abattu une croix* ». —
' « (CALVET). — Voir aussi BROSSOLETTE (p. 103). (1)

Notons, en passant, que les « libres-penseurs » ne s'entendent pas sur le motif de cette exécution, puisque, sur la maquette d'une statue érigée à Paris en l'honneur de la victime, ils ont gravé cette inscription : « Au chevalier de la Barre, supplicié le 1er juillet 1766, pour *n'avoir pas salué une procession* ».

Qui a raison, les manifestants parisiens ou M. Calvet ?

1º Le fait d'avoir abattu une croix n'a pas été le motif de l'exécution du chevalier de la Barre.

---

(1) M. Brossolette a soin de mettre sous les yeux de l'enfant une gravure représentant le supplice de la Barre. La séance du supplice est présidée naturellement par un évêque mitre en tête et crosse à la main. — Notre réponse montrera assez ce qu'il faut penser de cette gravure.

Voltaire, que l'on aime à donner comme son seul défenseur, écrivait, 20 jours après la mort de cette malheureuse victime : « La procédure, ni la sentence, ni l'arrêt n'ont fait aucune mention de l'audace sacrilège avec laquelle on a mutilé un crucifix ». Linguet, un autre contemporain du supplicié, a dit de même : « L'insulte à la croix n'est absolument pour rien dans la sentence ni dans l'arrêt. La mutilation du Christ n'est même rappelée ni dans l'une ni dans l'autre. Et quand le Parlement s'est décidé à livrer de la Barre à toutes les rigueurs de la justice, ce n'est pas la considération de ce crime qui a déterminé les suffrages ».

2º Quel a été le vrai motif de l'exécution ?

Voltaire dit dans sa correspondance : « Cette abominable affaire ne fut entamée que par une querelle de quelques familles ; c'est une chose publique ». M. Cruppi écrit de même : « Ce personnage (c'est-à-dire le juge Duval de Soicourt) contribua puissamment à machiner le procès et la condamnation en vue de satisfaire ces rancunes personnelles ».

Le motif de ces rancunes, nous le connaissons par les historiens contemporains. Duval de Soicourt avait formé le projet de marier à son fils une jeune personne qui demeurait à l'abbaye de Willancourt. Il avait sollicité la Supérieure-Abbesse de travailler pour amener la jeune fille à ses vues. La Supérieure s'y était refusée ; de là une rancune éternelle contre l'abbesse et contre le neveu de celleci, le chevalier de la Barre ; de là, les tourments que va souffrir ce pauvre garçon tombé au pouvoir d'un juge vindicatif et cruel. En quoi l'Eglise est-elle responsable dans cette affaire ? On ne le voit pas. Voltaire lui-même le reconnaît : « Plus j'ai examiné ce que je sais de l'affaire, dit-il, et plus il m'est évident qu'il n'y a de crime que dans les juges ».

3º Les juges étaient-ils influencés par l'Eglise ? — Non. Mais ils étaient stylés par Maupéou, vice-chancelier du roi qui, s'il ne mangeait pas encore du curé, se régalait de jésuite et se signalait par ses violences contre les Congrégations. D'ailleurs, l'Eglise ne pouvait avoir aucune influence sur eux ; ils étaient ses ennemis déclarés ; ils venaient de condamner les Jésuites ; ils poursuivaient sans relâche l'archevêque de Paris ; ils vivaient en rebellion ouverte contre Rome et soutenaient quiconque les imitait. Aussi, les démarches de l'évêque d'Amiens auprès du procureur général pour sauver de la Barre furent sans résultat ; et les supplications de l'Abbesse de Willancourt ne furent pas écoutées. La rancune du juge Duval de Soicourt obtint satisfaction. De la Barre eut la tête tranchée.

« Lorsque la nouvelle de cette mort fut reçue à Paris, note encore Voltaire, le nonce dit publiquement qu'il n'aurait point été traité ainsi à Rome. » Et le même auteur ajoute : « La mort de ce malheureux coûta des larmes à toutes les âmes sensibles, depuis le trône de Pétersbourg jusqu'au trône pontifical de Rome ».

4° Conclusion. — En faisant de l'exécution du chevalier de la Barre une machine de guerre contre le catholicisme, certains auteurs mentent à l'histoire qu'ils ignorent ou faussent sciemment ; ils renient Voltaire, leur grand chef, qui pourtant connaissait mieux qu'eux les circonstances du drame dont nous venons de parler.

CHAPITRE X

PÉRIODE RÉVOLUTIONNAIRE

I. — *« Avant 1789, le clergé ne payait pas d'impôts ;*
« il se contentait de faire au roi présent d'une petite
« somme qu'on appelait « le don gratuit », il était
« pourtant très riche. » — (CALVET.)

C'est exactement le contraire qui est vrai ! Nous allons le prouver par des chiffres.

Si l'on examine les procès-verbaux des *Assemblées du Clergé* avant 1789, on trouve que de 1561 à 1786, la seule caisse générale du clergé a fourni à l'Etat environ *un milliard sept cents millions* de livres. (Et la livre d'alors valait au moins trois fois le franc d'aujourd'hui.)

Au XVIII° siècle, de 1715 à 1789, le clergé versa au trésor plus de 472 millions de livres, par dons gratuits et en vertu du contrat décennal, déduction faite de ce que le roi s'était engagé à lui reverser. — De plus, la caisse générale du clergé dut payer 5.106.000 livres pour la pension des nouveaux convertis ; 22 millions 200.000 livres pour « le droit d'oblat » en faveur des invalides ; 74.000.000 livres pour les appointements des officiers des décimes ; et des sommes moins importantes pour d'autres services. — Le clergé versa donc, en 75 ans, 574 millions de livres, ou 7.666.666 livres par an.

En outre, les dons gratuits avaient obligé le clergé à faire de nombreux emprunts pour lesquels il fallait payer un intérêt annuel de 11.948.000 livres. Il est juste d'ajouter cette somme aux précédentes, ce qui porte la contribution de chaque année à près de *vingt millions* de livres.

D'autre part, le clergé payait encore les contributions des pays conquis, l'impôt qui pesait sur les biens patrimoniaux des ecclésiastiques, les abonnements publics, l'assistance des pauvres, l'entretien du culte et des édifices religieux, de l'instruction publique, de nombreux hôpitaux, les frais de perception de tous les impôts ; ce qui lui demandait une somme annuelle d'au moins *dix millions* de livres.

Le clergé *payait donc annuellement à la France, au moins trente millions de livres, valeur qui représenterait, de nos jours, quatre-vingt-dix millions de francs.*

Oui, mais « il était très riche ! »

Quelle était donc sa fortune ? — Dans son rapport à l'Assemblée Constituante, le 7 avril 1790, de Talleyrand dit que le revenu des biens ecclésiastiques s'élevait à 150 millions de livres. C'est « le chiffre le plus exagéré » qui ait été donné, déclara l'évêque de Nancy à la même assemblée.

Quoi qu'il en soit, admettons que cette évaluation soit exacte. Il faut en conclure que le clergé payait à l'Etat à peu près le 20 % de son revenu. Aujourd'hui, l'impôt foncier ne paye que le 4,25 %.

Combien y a-t-il aujourd'hui de contribuables qui payent autant que le clergé d'autrefois ?

II. — « *Il prélevait lui-même sur le peuple un impôt,* « *la dîme* ». — (CALVET).

A entendre parler certains historiens, on dirait que nous vivons dans un pays de cocagne où tout abonde, où l'on ne connaît pas l'impôt. Les contributions foncières d'aujourd'hui, l'impôt personnel et mobilier, l'impôt des portes et fenêtres, les droits de succession, de mutation, l'impôt sur le revenu des valeurs mobilières, qui, à lui seul, égale presque la dîme (8 pour cent), l'impôt sur le vin, sur l'alcool, sur le tabac, sur le papier, sur les cartes, sur les bil-

lards, sur les chevaux, sur les chiens, sur les voitures, sur
les bicyclettes, sur les allumettes ; les droits d'octroi, de
timbre, d'enregistrement, de quittances, les centimes ad-
ditionnels, tout cela ne compte pas pour eux, mais la dîme !

Qu'était-ce donc que la dîme ?

C'était une sorte de contribution que le peuple payait en
nature aux prêtres qui lui enseignaient ses devoirs et lui
administraient les secours de la religion.

Fixée tout d'abord au dixième du revenu, cette contribution subit des modifications successives. Elle s'était trans-
formée peu à peu en un droit *bien inférieur au dixième du
produit.*

Ainsi, pour nous borner à notre pays, nous lisons dans
un procès intenté en 1453 par les habitants d'Annecy-le-
Vieux contre leurs décimateurs : « De temps immémorial,
nous laissons sur nos champs plus ou moins de gerbes,
suivant l'abondance ou la pénurie de la récolte, de façon à
payer une gerbe sur douze, sur dix-huit, sur vingt et même
trente. » A l'occasion de ce procès, le Sénat de Chambéry
fit une enquête sur la manière dont la dîme se percevait
dans le Genevois et le Faucigny ; on put constater que les
uns payaient le seizième, les autres le trente-troisième,
d'autres le dix-huitième, et même que certains taillables
payaient « à leur volonté et libéral arbitre. » Nous sommes
loin du dixième !

Les *Visites pastorales* de Mgr Biord nous montrent qu'au
XVIII° siècle, la dîme était encore moins élevée. A cette
époque, on ne dîmait ni les animaux, ni les bois, ni les
foins, ni le produit du lait. La moyenne de la dîme était le
vingt-cinquième des produits. Dans certaines paroisses, le
taux était plus élevé, mais, dans ce cas, quantité de terres
étaient exemptes. Nous voilà très loin du dixième !

Si l'on se donnait la peine de réfléchir, on s'apercevrait
que cet impôt *pesait bien moins lourdement sur le contribuable que notre impôt foncier.* En effet, la dîme était pro-
portionnelle au revenu réel et se payait en nature ; si l'année était mauvaise et que la récolte vint à manquer, on ne
payait pas de dîme. Aujourd'hui, l'impôt foncier ne tient
pas compte du revenu réel ; qu'il pleuve, qu'il vente ou
qu'il grêle, il faut payer en argent, ou gare les huissiers !

Que de cultivateurs, obligés d'abandonner leurs fermes,
seraient heureux de revenir à la dîme ! Ils y gagneraient
beaucoup ; car le cultivateur paye à peu près le tiers de ce

que sa terre produit. Faites le calcul et vous verrez. *Il paye donc trois dimes !*

Aussi, dans le passé, le peuple ne se plaignait pas de la dîme ecclésiastique. Vauban en faisait la remarque dans son ouvrage, *La Dime royale* : « Rien ne prouve tant la bonté de ce système que la dîme ecclésiastique, qui se lève partout sans plainte, sans frais, sans bruit et sans ruiner personne. C'est celui de tous les impôts qui s'exécute avec le plus de facilité et de douceur » (p. 16 et 104).

Notons enfin, pour l'édification de ceux qui ne cessent de déclamer contre la dîme, qu'elle représentait à elle seule le *budget du culte*, le *budget de l'instruction publique*, et le *budget de l'assistance publique*. Le clergé, qui assumait ces trois charges, devait en supporter les frais ; il lui fallait des ressources ; la dîme les lui fournissait.

Après cela, qu'on vienne encore nous parler de la dîme !

III. — « *La révolution avait été d'abord accueillie avec*
« *sympathie au moins par le bas clergé. Mais du*
« *jour où les biens de l'Eglise eurent été mis à la*
« *disposition de la nation, le clergé se montra hos-*
« *tile, et il saisit le prétexte de la constitution civile*
« *pour affirmer cette hostilité* ». (CALVET).

« *Dès lors (depuis la constitution civile du clergé)*
« *éclate la haine d'une partie du clergé catholique*
« *contre la Révolution* ». — (GUIOT et MANE).

En 1789, le clergé était de cœur et d'âme avec la nation réclamant des réformes civiles et politiques ; il suffit, pour s'en rendre compte, de lire ses cahiers. De plus, la Constituante ne fut pas, au début du moins, une assemblée irréligieuse et impie. Le clergé n'avait donc aucune raison de se montrer hostile à la révolution. Aussi, « l'accueillit-il d'abord avec sympathie ».

Mais, dès 1789, l'Assemblée constituante prit des mesures qui pouvaient faire prévoir aux esprits clairvoyants une persécution à bref délai. Ces mesures éveillèrent des défiances et des mécontentements dans le clergé.

Aussitôt après la fameuse nuit du 4 août, où les dîmes avaient été déclarées *rachetables*, Mirabeau en demanda *l'abolition pure et simple*. C'était une injustice.

Deux mois après, la Constituante s'occupa des bénéfices ecclésiastiques qui servaient, concurremment avec la dîme, à l'entretien du culte et des prêtres. Le 10 octobre, Talleyrand proposa de les mettre à la disposition de la nation ; ce qui fut fait le 2 novembre. C'était un vol.

Et vous voudriez, Monsieur Calvet, que le clergé eût accepté de gaieté de cœur cette spoliation ? Vous êtes vraiment trop exigeant !

Cependant, si les tracasseries de l'assemblée se fussent arrêtées là, le clergé en eût encore pris son parti. Mais après avoir « sécularisé » ses biens, on voulut le « séculariser » lui-même. Pour cela, on vota la *Constitution civile du clergé*, qui consacrait l'absorption de l'Eglise par l'Etat, en faisant des fonctions ecclésiastiques un rouage de l'administration, comme sous l'empire païen. (1) C'était un recul de quinze siècles en arrière. Et, dès lors, la Révolution cessa d'être un mouvement réformiste pour devenir une guerre religieuse.

On ne peut donc pas parler « d'hostilité du clergé contre la révolution » qui n'existait plus sous sa forme accceptable. Le clergé ne se montra hostile qu'aux vols dont il fut victime, et aux incursions illégitimes d'un gouvernement temporel dans le domaine spirituel. Il se faisait par là le défenseur de la liberté de conscience, inscrite par les révolutionnaires dans la Déclaration des droits de l'homme.

———

CHAPITRE XI

———

L'EGLISE ET NAPOLÉON

I. — *« Par le concordat, le pape reconnut le droit au*
« chef de l'Etat français de nommer les évêques,

———

(1) MM. Rogie et Despiques écrivent à ce propos : « La Convention voulut soustraire le clergé de France à l'action du pape, chef étranger qui résidait à Rome » ; et ils ajoutent : « Le pape refusa d'approuver cette organisation qui ne changeait rien au dogme » — Nous dirons simplement à ces Messieurs que, s'ils savaient leur catéchisme, ils n'ignoreraient pas que la primauté de juridiction fait partie du dogme, et que « soustraire le clergé de France à l'action du pape, c'était changer quelque chose au dogme ».

« *qui devenaient ainsi de simples fonctionnaires.* »(1)
« — (CALVET).

« Etre fonctionnaire de l'Etat... ce n'est pas un titre à dédaigner. Cela veut dire qu'on détient une portion de la puissance publique. Dans toute société, existe un pouvoir central. Ce pouvoir ne peut pas, à lui seul, suffire à tous les besoins de la société. Que fait il alors ? Il choisit des représentants qui fonctionnent à sa place dans tous les ordres. Dans l'ordre judiciaire, administratif, militaire, financier, apparaissent des fonctionnaires qui portent sur leur personne un reflet de la puissance publique. Nous aurions tort de méconnaître et de mépriser la dignité du fonctionnaire.

Mais l'évêque, le prêtre, le plus modeste desservant, le plus humble vicaire sont-ils des fonctionnaires. Détiennent ils la moindre parcelle de la puissance civile ? Evidemment non. Ils détiennent une portion de la puissance religieuse. Est-ce de l'Etat qu'ils reçoivent leur mission d'enseigner l'Evangile, d'administrer les Sacrements, de diriger les fidèles, de sanctifier le peuple chrétien ? Non, certainement. C'est de l'Eglise seule qu'ils reçoivent cette mission. Dites, si vous le voulez, qu'ils sont les fonctionnaires de Jésus-Christ, au nom duquel ils gouvernent les âmes. Mais les fonctionnaires de l'Etat ? Non. Le fonctionnaire est celui qui exerce une fonction par délégation d'un pouvoir supérieur. Or, le prêtre n'est point délégué par le pouvoir civil, mais bien par le pouvoir spirituel. Donc, il n'est pas fonctionnaire de l'Etat ? » (GIBIER, *L'Eglise et son œuvre*, p. 439).

Mais, dira-t-on, les évêques étaient nommés par l'Etat ? Oui, le pape signataire du Concordat, avait concédé à l'Etat le privilège de désigner les titulaires des évêchés ; mais cette désignation demeurait sans effet, si l'Eglise ne leur conférait les pouvoirs. Les évêques étaient donc bien fonctionnaires de l'Eglise et non de l'Etat.

(1) M. Aulard écrit que le concordat « rendit au clergé son salaire aboli sous la Convention ». C'est une erreur. La Constituante n'avait mis les biens ecclésiastiques à la disposition de la nation « qu'à la *charge* de pourvoir d'une manière convenable aux frais du culte, à l'entretien de ses ministres et au soulagement des pauvres... » Le Concordat ne rendit donc pas au clergé « son salaire », mais il acquitta *une dette*, paya l'*indemnité* qui était due au clergé. Avant la loi du 9 décembre 1905, les prêtres étaient, vis-à-vis de l'Etat, non des *salariés* mais des *créanciers*.

II. — « *Pendant les premières années, le clergé catho-*
« *lique servit fidèlement. Il alla même jusqu'à en-*
« *seigner, par ordre, que l'Empereur devait être*
« *adoré. Refuser de se soumettre à Napoléon deve-*
« *nait un sacrilège puni par la religion non moins*
« *que par l'autorité civile.* » — (CALVET).

L'Eglise a toujours enseigné qu'il faut obéir aux pouvoirs établis quand ce qu'ils commandent n'est pas contraire à la loi de Dieu. Or, pendant les premières années du
règne de Bonaparte, on n'avait aucune raison de lui résister et de ne pas se rallier à sa république et à son empire.
On voyait Napoléon travailler avec ardeur à pacifier le
pays, mettre de l'ordre dans toutes les branches de l'administration et, en particulier, dans les finances, prendre une
part active à l'élaboration de lois réparatrices, faire adop-
ter des mesures de sage tolérance à l'égard du culte et des
prêtres proscrits et enfin, achever la pacification religieuse
par le Concordat. On ne pouvait donc pas lui refuser sa
confiance et sa sympathie.

Aussi, on accepta volontiers le catéchisme uniforme qu'il
imposa dans tous les diocèses, parce qu'il ne contenait rien
qui fût contraire à la doctrine de l'Eglise. Le chapitre con-
sacré aux devoirs envers l'Empereur rappelle ce que les
chrétiens de tous les temps doivent à ceux qui gouvernent :
« l'amour, le respect, l'obéissance, la fidélité, le service militaire, les tributs ordonnés pour la conservation et la défense de l'empire, des prières pour la prospérité spirituelle
et temporelle de l'Etat ». Et il ajoute que ceux qui manque-
raient à leurs devoirs envers le chef de l'Etat, résisteraient
à l'ordre établi de Dieu et se rendraient gravement coupables.

M. Calvet sera peut-être étonné d'apprendre que les
prêtres enseignent ces mêmes devoirs aux chrétiens de la
IIIᵉ République ! Que voulez-vous ? il n'assiste pas aux
catéchismes qui se font chaque dimanche dans nos églises !

Mais, pas plus sous Napoléon que sous M. Fallières, le
clergé n'a enseigné que le chef de l'Etat doive « *être adoré* »
et n'a taxé de *sacrilège* un simple refus de soumission.
Ceci est une monstrueuse calomnie.

III. — « *Avant 1789, le gouvernement se souciait fort*

« peu de répandre l'enseignement primaire. Le clergé
« et la noblesse n'y tenaient pas davantage, estimant
« que les gens du peuple en sauraient toujours assez,
« et que les instruire c'était leur apprendre à rai-
« sonner. » (CALVET).

Voulez-vous savoir, ami lecteur, quels sont ceux qui,
avant 1789, disaient : Les gens du peuple en sauront toujours assez ; les instruire, ce serait leur apprendre à raisonner ? Ecoutez :

— N'y a-t-il pas trop d'écrivains, trop d'académies, trop
de collèges ; le peuple même veut étudier... Les frères sont
survenus pour achever de tout perdre ; ils apprennent à lire
et à écrire à des gens qui n'eussent dû apprendre qu'à manier le rabot et la lime. »

Qui disait cela ? — *La Chalotais* (1762), celui qui provo-
qua la suppression des Jésuites.

— « Si vous faisiez valoir comme moi une terre, et si
vous aviez des charrues, vous seriez bien de mon avis ; ce
n'est pas le manœuvre qu'il faut instruire, c'est le bon
bourgeois, c'est l'habitant des villes ! »

Qui écrivait cela ? — *Voltaire*, l'ami de M. Calvet et Cᶦᵒ,
(Lettre à Damilaville, 28 février 1763).

— « Il est à propos que le peuple soit guidé et non pas
instruit, il n'est pas digne de l'être ! »

Qui faisait cette réflexion étrange ? — Le même *Voltaire*,
dans une lettre à Damilaville, en date du 19 mars 1766.

— « Le pauvre n'a pas besoin d'éducation ; celle de son
état est forcée ; il ne saurait en avoir d'autres ». — « L'homme qui pense est un animal dépravé. »

Qui pouvait écrire une pareille énormité ? — *Jean-Jac-
ques Rousseau (Emile*, l. 1), le précurseur des révolutionnaires.

— « La République n'a pas besoin de savants. »

Qui témoignait un tel intérêt à la science ? — Le *tribunal révolutionnaire*, auquel le savant Lavoisier, qu'on conduisait à l'échafaud, demandait un sursis pour faire une
expérience utile à l'humanité.

— « La raison, c'est la fiancée du diable ; c'est une pros-
tituée, une abominable ga..., une galeuse, une sale et dé-
goûtante pu..., qu'on devrait fouler aux pieds et détruire..., etc. »

Qui professait une telle estime pour la faculté du raisonnement ? — *Luther*, l'ami de nos libres-penseurs.

— « Les hautes écoles mériteraient qu'on les détruisît de fond en comble ; car jamais il n'y eut d'institutions plus diaboliques. »

Qui condamnait avec tant d'énergies la haute science ? Encore *Luther (Sermons*, t. XII).

— « L'étude des sciences est non seulement inutile, mais même pernicieuse, et l'on ne saurait mieux faire que de détruire les académies et les écoles. »

Qui exprimait cette sympathie pour la science et les écoles. » *Georges Mohr* et *Gabriel Didymus*, collaborateurs de Luther.

* *

Voilà des textes ; et ceux qui les ont écrits, ce sont les anticléricaux du temps. Ils se souciaient beaucoup de l'instruction, ceux-là !

* *

Voyons maintenant quels étaient les sentiments du clergé au sujet de l'instruction du peuple.

Pendant que Luther et les pasteurs protestants s'insurgeaient contre la raison et la science, le clergé catholique s'employait de toutes ses forces à rétablir les écoles ruinées par les guerres de religion. « Dans un mandement adressé par l'archevêque de Rouen à ses suffragants en 1581, il n'est question que d'écoles sans élèves, dépouillées de leurs revenus, et de localités sans écoles. Le prélat ordonne à ses suffragants de rouvrir les anciennes, d'amener à restitution, par des censures, les usurpateurs, et d'en créer là où il n'y en a pas. Les conciles de cette période montrent, à des degrés divers, une sollicitude constante pour l'enseignement primaire. Un concile tenu à Bordeaux un peu après 1583, arrête que toutes les paroisses, ou au moins les paroisses un peu peuplées, seront pourvues d'un maître d'école. Le concile de Bourges décrète, en 1584, qu'il y aura une école dans chaque paroisse.

Le concile d'Aire enjoint, en 1585, à l'évêque, de créer le plus tôt possible, dans les villes et les bourgs de son diocèse, des écoles pour les deux sexes. Le synode d'Angers prescrit en 1594, aux curés du diocèse de trouver dans leurs paroisses et de commettre une personne capable pour enseigner l'alphabet et les rudiments de la grammaire. Le synode d'Avranches ordonne, en 1600, la recherche et la restitution des fondations et des legs dont les écoles ont été spoliées, et leur rétablissement dans les bâtiments qui leur avaient été affectés ». (*Revue des Deux-Mondes*, 15 janvier 1909, p. 320).

Veut-on savoir, en particulier pour la Savoie, ce que le clergé fit en faveur de l'instruction ? Le grand apôtre du laïcisme, M. Buisson, le dit en deux mots : « L'Eglise fut en Savoie, la fondatrice des écoles primaires ». *Dictionnaire de pédagogie*, art. *Savoie*).

Pendant que Voltaire et ses amis écrivaient, au sujet de l'instruction du peuple, les monstruosités que nous avons citées plus haut, le clergé catholique montrait une grande sollicitude pour l'établissement et la discipline des écoles rurales. En 1698 et en 1724, le roi avait décrété pour tous l'instruction primaire et obligatoire. Comme ces prescriptions n'étaient pas suivies, le clergé, dans quatre assemblées successives tenues de 1750 à 1765, réclama avec insistance l'exécution des décrets royaux, surtout pour le Languedoc, le Dauphiné et la Provence. Les évêques de leur côté se souciaient beaucoup de l'enseignement primaire.

Dans leurs tournées pastorales, comme l'attestent les procès-verbaux des visites, ils s'en occupent avec régularité. Leurs statuts synodaux, leurs mandements, leurs règlements témoignent du zèle qu'ils déploient en faveur de l'instruction. Les statuts de Toul et de Châlons recommandent aux curés d'employer leurs ressources à fonder ou à doter des écoles : « Inspirez, disent-ils, à ceux qui veulent faire des fondations de les attribuer à cette bonne œuvre ». Les statuts du diocèse d'Evreux constatent avec satisfaction que l'instruction était générale dans le pays : « Il faut admirer, disent-ils, le zèle de nos pères pour l'instruction ; il eût été difficile autrefois de trouver une paroisse un peu populeuse qui n'eût sa maison ou sa fondation pour école ». Dans les avis donnés à son clergé par Mgr d'Arenthon d'Alex, on lit ceci : « Tous les pasteurs sont convaincus qu'ils ne peuvent rien faire de plus glorieux pour l'Eglise et de plus utile pour les âmes que d'établir les petites écoles dans leur paroisse ». Les statuts synodaux de Saint-Malo font aux prêtres cette recommandation : « Les curés remontreront à leurs paroissiens que, s'il n'y a point d'école, la jeunesse nourrie en oisiveté apprend l'art de mal faire... ils les exhorteront donc à établir, diriger, dresser et entretenir des écoles, ouvertes à tous, pauvres et riches, par toutes les paroisses ». En 1744, le premier évêque de Dijon, tout en constatant une situation prospère, voulait arriver à la complète diffusion de l'enseignement : « s'il se trouve dans notre diocèse, disait-il, quelques paroisses qui soient sans recteurs d'écoles, nous ordonnons aux curés et vicaires des dites paroisses de veiller à ce qu'il en soit établi ». Les Souverains Pontifes eux-mêmes partageaient, sur ce point, la sollicitude des évêques. Le pape Urbain VIII autorisa les sœurs de Notre-Dame à s'obliger par vœu de s'appliquer à l'instruction des jeunes filles. Le pape Benoît XIII félicita le fondateur des Frères des écoles chrétiennes de combattre l'ignorance qui est « l'origine de tous les maux, surtout parmi ceux qui sont livrés au travail manuel ». — Remarquons, en passant, que cette parole du Souverain Pontife est la contre-partie des paroles de Voltaire et de ses amis. Qui donc « craignait d'apprendre aux gens du peuple à raisonner ? »

Les exhortations de l'épiscopat ne demeurèrent pas sans effet. Il se produisit en France, un mouvement admirable en faveur de l'instruction primaire. Chaque année, de nouvelles écoles s'ouvrirent. Pour en assurer l'existence, des âmes généreuses constituèrent en leur faveur un capital dont le revenu serait appliqué à payer l'instituteur. L'émulation fut si grande que, si la Révolution, en ruinant ou en chassant les prêtres, ne fût venue arrêter cet élan, toutes les paroisses auraient, fort probablement, à cette heure, des écoles gratuites, ne coûtant rien ni à l'élève, ni aux parents, ni à l'Etat. Or, si l'on examine les listes des fondateurs, on constate que la majeure partie des sommes affectées à l'enseignement fut fournie par des évêques, des prêtres ou des communautés religieuses. (1)

Cela n'empêche pas M. Calvet de dire, et ses crédules lecteurs de répéter, qu'avant 1789 « le clergé se souciait fort peu de l'instruction primaire ».

IV. — « *Dans certaines provinces, l'enseignement pri-*
« *maire n'existait pas. Dans le Centre (Auvergne,*
« *Limousin), il n'y avait pas une école par vingt*

____

(1) Pour plus de détails, voir GONTHIER, *Œuvres historiques*, t. II, p. 480 ss.

« *villages. Dans le Bourbonnais, c'est à peine si 20*
« *personnes sur 100 savaient signer leur nom.* » —
(CALVET.)

« *L'ignorance, avant 1789, était générale dans les*
« *campagnes et même dans les villes !* » — (GUIOT.)

« *Les écoles populaires étaient rares, et quelles écoles !* »
— (ROGIE et DESPIQUES.)

L'enseignement était plus répandu en France qu'on ne le
laisse supposer. Ainsi, à la fin du règne de Louis XV, il y
avait, à *Paris*, 412 écoles. Au commencement du XXe
siècles, Paris possédait 370 écoles primaires publiques et
764 écoles libres. Si l'on tient compte que cette ville a
maintenant 2.500.000 habitants, tandis qu'elle n'en avait
que 600.000 sous Louis XV, on verra que la proportion du
chiffre des écoles est à l'avantage du XVIIIe siècle.

En *Normandie*, presque toutes les paroisses rurales
étaient pourvues de maîtres d'école (DE BEAUREPAIRE : *Recherches sur les établissements d'instruction publique dans
le diocèse de Rouen.*)

En *Lorraine*, « les bourgs et les villages fourmillent
d'une multitude d'écoles. Il n'y a pas de hameau qui n'ait
son grammairien. » (MAGGIOLO, *Condition de l'instruction
primaire en Lorraine avant 1789.*)

Il en est de même en *Franche-Comté*. (SAUZAY, *Histoire
de la persécution révolutionnaire dans le Doubs*, X, 399.)

En *Champagne*, on peut affirmer que toutes les paroisses
étaient pourvues d'écoles. Ainsi, sur 446 communes que
renferme aujourd'hui le département de l'Aube, 420 localités contenaient des écoles, et 21 communes de ce département étaient encore sans école en 1880. (BABEAU, *L'instruction primaire dans les campagnes*, p. 63.)

En *Bourgogne*, les écoles étaient très nombreuses.
L'évêque de Châlons en avait établi partout. (*Vie de Mes-
sire Vialard de Herse*, 1738, p. 51.) — L'évêque de Dijon
écrivait en 1744 : « S'il se trouve dans notre diocèse,
quelques paroisses qui soient sans recteurs d'écoles, nous
ordonnons aux curés de veiller à ce qu'il y en soit établi. »
(*Ordonnances synodales*, 1744) ; cette manière de s'expri-
mer indique déjà une situation prospère.

A *Lyon*, ville de 100.000 âmes, huit à neuf mille enfants

recevaient l'instruction primaire ou secondaire. (SICARD, *Les évêques avant la Révolution*) ; la proportion n'est pas plus forte aujourd'hui.

En *Savoie*, la presque totalité des paroisses avaient leur école. Le préfet du Mont-Blanc, Verneilb, s'adressant à des témoins oculaires, le constatait en 1802 : « En Savoie, pour ce qui est des écoles primaires, il existait peu de communes rurales avant 1792, où il n'y eut un instituteur. » (*Statistique du département du Mont-Blanc.*) — Aussi, Albanis Beaumont, qui visita la vallée d'Abondance, vers 1800, pouvait dire que les femmes elles-mêmes savaient *toutes* lire. (*Description des Alpes grecques et cottiennes*, t. II, 2e partie.) Pourrait-on en dire autant aujourd'hui ?

Ces exemples nous montrent que l'enseignement primaire était très répandu et à la portée de tout le monde. Si quelques provinces, comme l'Auvergne, le Limousin et le Bourbonnais, étaient moins favorisées, elles étaient l'exception. Et l'on a pu écrire, sans crainte d'exagération : « Au XVIIe et au XVIIIe siècles, malgré d'innombrables difficultés dont nous ne pouvons plus nous faire une idée aujourd'hui, l'Eglise a accompli ce prodige de répandre l'instruction primaire jusqu'en d'infimes villages où il n'y a même plus à présent d'écoles. Ainsi que l'établissent les nombreuses monographies locales publiées dans ces dernières années, sur l'enseignement primaire avant 1789, l'Eglise était arrivée à réduire le nombre des illettrés à ce point que le pourcentage n'en était pas très sensiblement plus élevé qu'il n'est aujourd'hui. » (*Revue pratique d'apologétique*, 1er mai 1909, p. 210.)

V. — On est malvenu, après cela, à ridiculiser ceux qui, malgré les protestations de Voltaire et consorts, travaillèrent à l'instruction du peuple, et de dire :

« *Au commencement du XVIIIe siècle, J.-B. de la Salle*
   « *organisa la Congrégation des Frères des écoles*
   « *chrétiennes que, par dérision, le peuple appela les*
   « *ignorantins.* » (CALVET.)

Ce n'est pas le peuple qui les appela ainsi ; ce sont les bourgeois libres-penseurs de l'époque ; ils voyaient de mauvais œil qu'on instruisit les paysans, et ils ne trouvèrent rien de mieux que de goguenarder sur le compte des bienfaiteurs des petits et des pauvres. Ecoutez plutôt: « Les frères ignorantins sont survenus pour achever de tout perdre. Ils apprennent à lire et à écrire à des gens qui n'eussent dû apprendre qu'à manier le rabot et la lime ». Ce n'est pas le peuple qui disait cela ; c'est le bourgeois *La Chalotais*, l'ami de Voltaire. — Ecoutez encore : « Je vous remercie de proscrire l'étude chez les laboureurs... Envoyez-moi des frères ignorantins pour conduire une charrue. » Ce n'est pas non plus le peuple qui écrivait cela ; c'est l'ennemi de l'instruction du peuple, *Voltaire*.

Les Frères de la Doctrine chrétienne avaient d'autres idées. Ils voulaient instruire le peuple, et s'employèrent à trouver tous les moyens de faire pénétrer l'instruction partout. Toutes les grandes réformes modernes concernant l'enseignement, y compris la gratuité et l'obligation, furent devinées et voulues par eux. Et, s'il faut rapporter sur ce point un témoignage qui n'ait rien de « clérical », nous citerons M. Compayré, recteur de l'Université de Lyon, qui a écrit dans son *Histoire critique des doctrines de l'éducation en France* : « Il est peut-être piquant d'ajouter qu'on retrouve l'idée de l'éducation impérative et forcée jusque dans les écrits du fondateur des écoles chrétiennes : l'abbé de la Salle, pour donner une sanction pratique au principe de l'obligation, conseillait aux curés de refuser leurs secours aux parents récalcitrants... Quand Jules Simon, dans une circulaire célèbre, essayait d'améliorer les méthodes classiques en élaguant quelques superfluités, en ajoutant quelques pratiques utiles, ne sait-on pas qu'il nous ramenait tout simplement aux Petites-Ecoles de Port-Royal. » (t. I, p. 6.)

Si donc les Frères, avec la protection et sous le contrôle de l'Eglise, n'ont pas réussi à faire passer dans les lois toutes les grandes réformes modernes, ce n'est pas sans avoir tenté tout ce qu'ils pouvaient dans ce but.

Nous ajouterons même que certaines améliorations introduites dans les écoles laïques seulement à la fin du siècle dernier, avaient été apportées, deux siècles auparavant, dans l'enseignement donné par les Frères. Ainsi, le 27 juillet 1882, une circulaire du ministre de l'instruction publique prescrivit, dans toutes les écoles de France, l'enseignement simultané. Or, c'était la grande réforme pédagogique de J.-B. de la Salle : elle mit deux siècles à pénétrer dans les écoles communales laïques ; elle existait depuis le même temps, dans les écoles tenues par les Frères.

Ils n'étaient donc pas si ignorantins !

VI. — « *S'il en était ainsi, dira-t-on, comment se fait-il* « *que mon grand-père, ma grand'mère, ne savaient* « *ni lire ni écrire ?* »

Oh ! c'est très simple. Votre grand-père, votre grand'-mère n'avaient pas été instruits avant 1789. Ils sont nés ou pendant la Révolution ou après. Or, la Révolution avait désorganisé l'instruction. Elle avait commencé par confisquer les revenus des écoles, puis elle avait exilé ou guillotiné les prêtres et les religieux ; elle avait même congédié tous les anciens maîtres ou maîtresses d'écoles laïques (Loi du 28 octobre 1792, art. 12 et 22). L'effet de ces mesures avait été terrible. Portalis, dans un discours prononcé le 15 germinal, an X, disait : « L'instruction est nulle depuis 10 ans... Si on la compare telle quelle est avec ce qu'elle a été, on ne peut s'empêcher de gémir sur le sort qui attend les générations présentes ou futures ».

Pour réparer le mal, pour relever les établissements tombés, pour réorganiser l'enseignement, il fallut du temps ; et, pendant des années, on fut privé d'instruction. C'est au point qu'en 1843, dans un rapport au roi sur l'enseignement, Villemin écrivait : « L'instruction publique était, avant 1789, plus accessible aux classes moyennes et aux classes pauvres ».

Voilà pourquoi votre grand-père et votre grand'mère ne savaient ni lire ni écrire.

VII. — « *L'enseignement secondaire était donné dans* « *quelques collèges tenus par des prêtres. Les maîtres* « *connaissaient bien les langues anciennes ; mais ils* « *n'apprenaient à leurs élèves ni les langues mo-* « *dernes ni les sciences* ». — (Calvet).

L'enseignement secondaire au XVIIIᵉ siècle, était très prospère. En 1789, il y avait, en France, 900 collèges, jouissant d'un revenu annuel de trente millions et procurant à plus de la moitié de leurs élèves le bienfait total ou partiel de l'instruction gratuite. (Rapport de Villemin, 3 mars 1843). C'était relativement plus que de nos jours ; en 1885, il y avait 1213 établissements secondaires pour une population double (1). Les incrédules n'étaient pas contents de cet état de choses ; ils réclamaient contre le grand nombre de collèges et contre la gratuité. « On a décerné, dit Daunou, de magnifiques éloges à ceux qui ont contribué à rendre gratuite l'éducation des collèges. Cette gratuité n'est pas sans danger, et je n'en aperçois pas moins dans le nombre si multiplié des collèges qui existent en France » (2). On voit par là ce qu'il faut penser de cette autre affirmation de M. Calvet : « Dans les collèges, les riches seuls avaient accès ; on trouvait bien quelques boursiers. mais peu nombreux ».

On reconnaît volontiers que l'enseignement des langues anciennes ne laissait rien à désirer.

On insistait sur l'étude du latin, et avec raison.

Le latin, en effet, a une particulière aptitude à rendre les esprits vigoureux, il a un pouvoir éducateur sans égal ; c'est la conclusion de la grande enquête que fit M. Ribot en 1899, sur l'enseignement secondaire. — En outre, il y a entre le français et le latin un lien si étroit, que l'on ne peut connaître le premier sans connaître le second. « Ce que j'ai appris de style, disait Bossuet, je le tiens des livres latins et un peu des grecs. » « Si je sais le français, écrivait M. Jules Lemaître (*Débats*, 14 mai 1894), c'est en grande partie parce que je sais le latin. » On n'avait donc pas tort de cultiver les langues anciennes.

Mais pourquoi négligeait-on les langues modernes ? — Parce qu'on n'éprouvait pas le besoin de les étudier. Dans les Universités et les grandes écoles de l'Europe, on parlait et on écrivait en latin ; et tout savant qui voulait se faire lire du monde civilisé devait écrire en latin. On cherche de nos jours une langue internationale : les hommes du XVIIe et du XVIIIe siècle avaient leur *espéranto*, c'était le latin.

De plus, au XVIIe et au XVIIIe siècles, la France donnait le ton à l'Europe ; on lui empruntait ses beaux-arts, son architecture, ses modes, *sa langue* ; le plus grand sa-

---

(1) Le diocèse d'Annecy possédait 13 collèges. Le seul collège Chappuisien comptait, en 1774, près de 600 élèves. (GONTHIER, *Œuvres historiques* t. 11, p. 490 ss.)

(2) *Journal encyclopédique* 1789, t. VII, p. 281.

vant allemand du XVIIe siècle, Leibniz, écrivait en latin et en français, jamais en allemand ; le grand Frédéric de Prusse n'écrivait et ne parlait que français. Dès lors, il était inutile d'apprendre les langues modernes.

Enfin, jusqu'au dernier quart du XIXe siècle, « dans l'éducation secondaire, on cherchait le beau plutôt que l'utile, on éveillait l'esprit plutôt qu'on ne le meublait, on ne s'inquiétait pas de la masse des connaissances acquises, mais on polissait l'âme, et on l'ornait de sentiments élevés. En un mot, on façonnait l'homme, et on laissait à l'enseignement supérieur le soin de le préparer à une carrière. Dès lors, on avait pour principal souci de mettre les élèves à l'école des grands maîtres, des penseurs, des poètes, des écrivains, qui avaient le mieux exprimé l'homme et qui étaient les plus aptes à éveiller l'homme. Et comme, à cet égard, les anciens ont été incomparables, on conduisait la jeunesse à l'école des auteurs grecs et latins ». (1)

Cette méthode était excellente. De nos jours, dans les classes secondaires, on met aux mains des élèves, des livres d'histoire bourrrés de faits, des livres de géographie très savants ; on fait une large place aux sciences physiques, aux manipulations, aux langues vivantes. En surmenant ainsi les jeunes gens, on énerve leur corps et leur intelligence, et on nous prépare une génération de rachitiques et de ramollis.

Ce n'est pas à dire toutefois que l'enseignement des *sciences* fut complètement négligé. Les sciences, au XVIIIe siècle, firent en France, comme dans l'Europe entière, des progrès considérables. Cela suppose qu'elles furent enseignées dans les établissements secondaires. De fait, le programme des examens d'alors comprenait les mathématiques, la physique, la chimie et la cosmographie. Chateaubriand, parlant des 110 maisons que possédaient les Jésuites avant leur expulsion par ordre de Mme de Pompadour, atteste qu'on y faisait une large place à l'étude des sciences : « Naturalistes, chimistes, mathématiciens, botanistes, poètes, mécaniciens, astronomes, historiens, traducteurs, antiquaires, il n'y a pas une branche de connaissances humaines qu'ils n'eussent cultivé avec éclat ». « Aussi, dit un historien (2), chacune de nos villes possé-

---

(1) Guibert, *Revue pratique d'apologétique*, 1er août 1909, p. 645.
(2) Jules-Philippe, *Les poètes de la Savoie*, p. 50.

dait un noyau d'hommes érudits, tenant à honneur d'être instruits des progrès accomplis dans les *sciences* et les lettres ».

VIII. — « *L'enseignement n'étant donné que par le* « *clergé, tous les enfants non-catholiques s'en trou-* « *vaient exclus* ». — (CALVET).

A l'encontre de cette affirmation, nous nous contenterons de rappeler que Louis XIV décréta l'instruction obligatoire pour tous, pour les non catholiques comme pour les autres. « Nous enjoignons à tous, pères, mères, tuteurs et autres personnes qui sont chargées de l'éducation des enfants, et nommément de ceux dont les pères et mères ont fait profession de la religion prétendue réformée, de les envoyer aux écoles jusqu'à l'âge de quatorze ans ». Déclaration du 13 décembre 1698).

C'est clair ! — Et pour rendre efficace cette prescription, Louis XV chargea les procureurs fiscaux de se faire remettre tous les trois mois la liste de tous les enfants qui n'iraient pas aux écoles, afin de faire poursuivre les parents et les tuteurs chargés de leur éducation. (Déclaration de 1724). — C'est tout le contraire de l'exclusion ! Nous n'insistons pas.

IX. — « *La condition des écoliers était très dure. Pour* « *la moindre faute, ils subissaient des châtiments* « *corporels* ». — (CALVET).

« *Les maîtres distribuaient plus de coups de férule* « *que de science* ». (ROGIE et DESPIQUES).

Quand on étudie l'histoire de l'éducation, on est étonné de voir quelle large part y fut faite, dans le passé, aux moyens violents. Chez les Grecs, chez les Romains, au Moyen-Age, on semblait avoir pris à tâche de maltraiter les enfants. La Renaissance n'améliora pas le sort des écoliers. Le XVII⁰ siècle fut plus clément pour l'enfance écolière. Les Jésuites, les Oratoriens surtout pratiquèrent envers les enfants la douceur et la mansuétude. Pierre de Bérulle, fondateur de l'Oratoire, disait : « Soyez plus pères que supérieurs ; ayez plus de patience que de zèle... Disposez doucement les âmes à ce qui leur est convenable ! » Un professeur illustre, le P. Lamy, soutenait que « pour ramener les enfants au devoir, une caresse, une récompense promise ou la crainte d'une humiliation, font plus que les verges ». Fénelon recommandait la douceur et la bonté : « Faites-vous aimer de l'enfant ; soyez indulgents... Si le Sage recommande aux parents de tenir la verge assidûment levée sur les enfants, ce n'est pas qu'il eût blâmé une éducation douce et patiente ; il condamne seulement les parents faibles qui flattent les passions de l'enfant ». J.-B. de la Salle disait à ses collaborateurs : « Pour l'amour de Dieu, n'usez pas de coups de main ; soyez engageants, d'un extérieur affable et ouvert ». L'abbé Rollin écrivait, dans son *Traité des Etudes* : « La verge avilit, et ne corrige pas ». Dans une charte de l'évêque d'Autun, on lit ceci : « Pour châtier les enfants, on ne se servira jamais de la férule, ni d'autre instrument de pénitence, on ne les frappera jamais de la main, et encore moins du pied, ni de la baguette dont on se sert pour faire lire les syllabes ».

On le voit, on n'avait pas attendu la Révolution pour travailler à l'abolition de la verge et de la férule ! Et ce progrès était dû encore à des hommes d'église.

Il ne faudrait pas d'ailleurs aller trop loin dans la réaction contre l'ancien système. Cette réaction a produit parfois de si désastreux effets, que M. Petit, inspecteur général de l'Instruction publique, s'est vu obligé de pousser les hauts cris : «Vive le passé! Vivent les us scolaires du temps jadis! L'enfant ne s'incline que devant la sévérité. Il ne faut pas être impitoyable à ses errements. Pourquoi supprimer ces punitions, voire même ces coups qui mataient les natures difficiles? La discipline se meurt! La discipline se meurt! La discipline est morte ». (*L'Ecole moderne*, p. 134).

CHAPITRE XII

L'ÉGLISE ET L'ÉTAT

1. — « *Avant 1789, l'Eglise de France était régie par*
« *le concordat de 1516. Elle reconnaissait l'autorité*
« *du pape, mais elle avait une organisation à part*
« *qui ne pouvait être changée. Le Saint-Siège était*
« *soumis, pour les choses spirituelles, aux décisions*
« *des Conciles généraux, et le pape n'avait aucune*
« *puissance directe ou indirecte sur les choses tem-*
« *porelles. C'est là ce qu'on appelait les libertés de*
« *l'Eglise gallicane* ». — (CALVET).

Pour comprendre ce qui est dit ici, il faut se rappeler un fait très important du règne de Louis XIV.

En 1663, le roi, pour augmenter les ressources du trésor, rendit deux décrets, portant que tous les diocèses de France seraient soumis à la régale (1). Le pape Innocent XI lui adressa un bref par lequel il soutenait les droits de l'Eglise, et le menaçait des censures apostoliques. Louis XIV, irrité de se voir rappelé au respect de la justice, convoqua une assemblée générale du clergé de France. Au cours des débats, Colbert fit proposer de fixer des bornes à l'autorité pontificale. A la suite de cette proposition, l'Assemblée adopta la fameuse *Déclaration du Clergé de France* (19 mars 1682). Cette déclaration portait entre autres choses, « que le Saint-Siège était soumis, pour les choses spirituelles, aux décisions des Conciles généraux, et que le pape n'avait aucune puissance directe ou indirecte sur les choses temporelles ». Louis XIV la confirma par un édit, et en ordonna l'enseignement dans toutes les Facultés de théologie, comme le résumé des « *Libertés de l'Eglise gallicane* ».

(1) *Régale* — droit en vertu duquel le roi percevait à son profit les revenus de certains diocèses pendant la vacance du siège épiscopal.

Mais on s'aperçut bientôt combien cette doctrine était contraire au sentiment réel de l'Eglise de France. La Sorbonne refusa d'enregistrer l'édit du roi ; huit de ses docteurs furent exilés, d'autres destitués ; rien n'y fit ; on finit par se contenter d'une formule où il n'était question que de *respect* pour la déclaration et l'édit ; cette formule ne fut signée que par *162* docteurs sur *750*.

L'opinion était avec la Sorbonne. L'université de Douai fit savoir que ses docteurs renonceraient à leurs chaires plutôt que d'enseigner une doctrine répugnant à leur conscience.

Le pape protesta contre la Déclaration, et refusa d'accorder les bulles d'institution aux prêtres qui l'avaient signée, quand ils furent proposés par le roi pour des évêchés. Les évêques signataires envoyèrent leurs excuses au Souverain Pontife, avec une rétractation de leur conduite. Louis XIV dut se rendre et retirer son édit.

Depuis lors, seuls les rois et les parlements se firent les défenseurs des doctrines gallicanes ; on comprend que Louis XIV et même Louis XV cherchassent à faire prévaloir ces théories, car elles allaient mieux à leur absolutisme et flattaient leurs instincts de domination.

Mais une doctrine qui n'est admise que par la puissance civile et par une minorité d'évêques et de docteurs asservis à un despote comme Louis XIV, ne peut pas être attribuée de bonne foi à « l'Eglise de France ».

II. — « *Avant 1789, la religion catholique était reli-*
« *gion d'Etat, c'est-à-dire que tous ceux qui ne la*
« *pratiquaient pas étaient très souvent persécutés* ».
— (CALVET).

M. Calvet est opposé aux principes de la religion d'Etat, parce que, si on l'admet, on se met en position d'offenser des consciences individuelles qui ont droit au respect, et de les persécuter.

Nous lui ferons observer que le caractère essentiel de la religion d'Etat ne consiste pas dans l'exclusion des autres religions.

Nous en avons une preuve dans la charte française, octroyée par le gouvernement de la Restauration en 1814. L'article 6 : « La religion catholique, apostolique et romaine, est la religion d'Etat », est précédé d'un autre ainsi conçu : « Chacun professe sa religion avec une égale liberté et obtient pour son culte la même protection. » (Art. 5).

Le Concordat qui est en vigueur en Autriche est conçu dans le même esprit. La religion catholique y est déclarée religion d'Etat ; mais les articles 2 et 3 garantissent les plus larges libertés aux protestants et à la religion grecque.

De nos jours, les Etats catholiques ou protestants d'Europe, qui ont conservé une Eglise officielle, n'en ont pas moins écrit, en tête de leur constitution, la liberté des cultes. La Russie seule fait exception.

Le principe de la religion d'Etat n'entraîne donc pas par lui-même la persécution, quoiqu'en dise M. Calvet.

Et maintenant, admettons que notre historien dise vrai. Nous lui demanderons si le même inconvénient ne se présente pas dans une société indifférente à l'égard des religions ? — Il n'y a pas de société possible, si l'on n'admet pas en pratique un certain nombre de principes moraux nécessaires au bon ordre. Or, pensez-vous qu'il y ait un seul principe moral unanimement admis en France ?

Il y a des français qui professent à l'université de Paris, aux yeux desquels il n'y a ni bien ni mal, mais seulement des instincts différents fixés par un dressage séculaire. Faut-il en tenir compte pour modifier le code civil et cesser de réprimer certaines catégories d'instincts ? Non, sans doute. Et cependant, si vous les réprimez, vous persécutez. « Ceux qui ne pratiquent pas les lois morales admises par le code civil français, sont donc persécutés » !

Quoi qu'on fasse et quoi qu'on dise, il y aura toujours des persécutés. Les catholiques de France s'en aperçoivent certes de nos jours où la religion d'Etat est l'athéïsme, et où quiconque ne la pratique pas est persécuté.

Nous ne disconviendrons pas toutefois qu'une large tolérance ne soit possible, et même désirable de nos jours surtout, où l'unanimité religieuse est disparue. Nous ferons même observer que le pays où cette tolérance est le mieux pratiquée, la Belgique, possède un gouvernement catholique.

III. — *« Le grand principe des sociétés modernes, c'est*
« que l'Eglise ne doit plus se mêler du gouvernement

« *des Etats et qu'il faut séparer avec soin les choses*
« *spirituelles et temporelles.* » Calvet).

Disons tout d'abord qu'on aurait dû ajouter : « *C'est que
l'Etat ne doit pas se mêler du gouvernement de l'Eglise.* »
M. Thiers, lui, n'avait pas craint de le dire : « La liberté
de conscience suppose comme condition nécessaire l'existence d'une autorité religieuse indépendante de l'Etat s'or-
ganisant et se gouvernant souverainement elle-même,
d'après les principes de sa foi et les traditions de son histoire. » Il est nécessaire de rappeler ce principe, parce que
les pouvoirs civils sont trop souvent portés à l'oublier dans
la pratique.

Et maintenant, « le grand principe des sociétés modernes » est-il si *moderne* qu'on le prétend !

Guizot le fait remonter au V° siècle : « Enfin l'Eglise
commençait un grand fait, la séparation du pouvoir spirituel et du pouvoir temporel... La présence d'une influence
morale, le maintien d'une loi divine et la séparation du
pouvoir temporel et du pouvoir spirituel, ce sont là les
trois grands bienfaits qu'au V° siècle l'Eglise a répandus
sur le monde européen. » (1)

Nous, nous le faisons remonter à l'origine du Christianisme. Jésus avait dit à ses disciples : « Rendez à César ce
qui est à César, et à Dieu ce qui est à Dieu. » (Luc, XX,
25). Cette parole contenait déjà « le grand principe des
sociétés modernes » ! Elle impliquait la distinction de deux
choses que la société païenne avait toujours confondues :
l'élément spirituel qui est fait pour l'éternité, et l'élément
matériel qui est fait pour le temps. Elle impliquait la distinction du pouvoir spirituel et du pouvoir temporel.

Dès lors, les disciples du Christ ont toujours reconnu que
l'Eglise et l'Etat ont une fin spéciale à atteindre, et une
sphère d'action où ils peuvent se mouvoir dans une mu-
tuelle indépendance. Jamais l'enseignement catholique n'a
varié sur cette question fondamentale.

Osius de Cordoue, l'un des oracles du Concile de Nicée
(323), écrivait à l'empereur Constance : « Il ne nous est pas
permis à nous, évêques, de prétendre à l'empire dans les
choses de la terre, et il ne vous est pas permis à vous non

____

(1) *Hist. de la civilisation en Europe,* 2° leçon.

plus, empereur, d'usurper l'encensoir ou le pouvoir sur les choses sacrées. »

Le pape Gélase (492), s'adressant à l'empereur Anastase, s'exprimait en ces termes : « Le monde, auguste empereur, est gouverné par deux puissances, celle des pontifes et celle des rois... Si, dans tout ce qui est d'ordre public, les évêques, connaissant l'autorité que vous tenez de la disposition divine, obéissent à vos lois, avec quel amour ne devez-vous pas leur obéir en tout ce qui concerne les mystères vénérables dont ils sont les dispensateurs ? »

Le pape Innocent III (1200) répète et précise la même doctrine. Il écrit à l'empereur Alexis Comnène : « Dieu a mis dans le ciel deux grands luminaires, deux grandes dignités qui sont l'autorité pontificale et la puissance royale. Celle qui préside aux choses spirituelles est plus grande que celle qui préside aux choses corporelles, et autant il y a de différence entre le soleil et la lune, autant il y en a entre les pontifes et les rois. » Le pape affirme la distinction des deux pouvoirs, et la supériorité du pouvoir spirituel sur le pouvoir temporel. Cette supériorité est manifeste, puisque les choses de l'éternité l'emportent sur les choses du temps. Mais la *supériorité de l'Eglise ne supprime pas l'autonomie de l'Etat*. L'Eglise et l'Etat demeurent deux souverainetés distinctes et indépendantes dans leur sphère d'action.

Voilà ce qui a toujours été enseigné dans l'Eglise ! Ces principes ne sont donc pas si nouveaux, si modernes !

Ont-ils toujours été admis par les princes comme ils l'ont été par les papes ? Nous répondons sans hésiter : Non. Les souverains temporels ont toujours regardé d'un œil jaloux la puissance dont l'action s'étend sur les âmes ; ils ont rarement résisté à la tentation de reprendre au profit de César, ce qui est à Dieu. Ainsi, Louis XIV, pour diminuer ce qu'il appelait les *prétentions ultramontaines* du pape, fit voter la Déclaration de 1682 et en imposa l'enseignement dans les facultés de théologie : c'était de sa part l'usurpation d'un rôle qui ne lui appartenait certainement pas. De même, la Constituante mit au jour la fameuse Constitution civile du clergé, qui était une incursion illégitime sur le terrain religieux. Napoléon Iᵉʳ ne put jamais comprendre la distinction du spirituel et du temporel. Il regrettait les temps de la République romaine où la religion n'était pas séparée de l'organisation politique. Il se trouvait d'accord avec Frédéric II d'Allemagne pour admirer le régime des musulmans, qui n'isolent pas, comme les chrétiens, l'Eglise de l'Etat. Il affirmait qu'on ne saurait gouverner si l'on n'a pas la direction religieuse. Il chercha, par tous les moyens, à déterminer le pape à résider avec sa cour à Paris ; il espérait ainsi le dominer et « diriger le monde religieux ainsi que le monde politique ». Pie VII ne consentit jamais à établir en France sa résidence officielle. Il préféra la persécution et une captivité dans laquelle il conserva son autorité spirituelle.

On nous dira peut-être : *L'Eglise aussi s'est immiscée pendant de longs siècles dans les affaires civiles et politiques de l'Etat.*

C'est vrai. Il fut un temps où l'Eglise s'occupa beaucoup des affaires temporelles. Mais alors, les peuples eux-mêmes réclamaient son intervention, et ils n'eurent pas à s'en plaindre ; tous les historiens lui ont rendu ce témoignage.

« Les barbares, dit l'un d'eux (1), incapables de fonder et d'organiser une société régulière, appelèrent l'Eglise à leur aide, parce qu'elle était comme la personnification de l'intelligence et de la valeur morale dont l'ascendant finit toujours par avoir raison de la force brutale. Loin donc de repousser l'Eglise et de lui interdire l'accès des assemblées où se débattaient leurs intérêts terrestres, les pouvoirs d'alors l'y appelaient. Quoi d'étonnant, dès lors, que l'Eglise ait joui d'une importance politique considérable, et que, pendant des siècles, elle ait été l'arbitre d'une société qu'elle avait faite ! Ceux qui, aujourd'hui, reprochent à l'Eglise son influence politique au Moyen-Age, songent-ils à reprocher à leur mère de les avoir tenus dans ses bras quand leurs pieds étaient trop faibles pour les porter ? Ils ont grandi, soit, mais qu'ils n'oublient pas l'aïeule à cheveux blancs dont la longue expérience peut encore leur donner de sages conseils. »

IV. — « *Aujourd'hui la loi est laïque ; elle ne veut pas « connaître les religions. Elle ne les persécute pas, « loin de là ; mais elle les ignore.* » — (CALVET).

1° La loi ne doit pas ignorer la religion.

L'Etat, tel qu'il est constitué parmi nous, l'Etat moderne a la prétention de donner satisfaction à tous les besoins

____

(1) MAUMUS, *L'Eglise et la modécratie*, p. 77.

essentiels d'une nation civilisée. Voilà pourquoi il a des
musées, des théâtres, des bibliothèques publiques, des académies, des écoles de tous les degrés et de toutes les espèces. Comment admettre que les besoins de l'âme et de la
conscience, que les besoins religieux soient seuls étran-
gers à sa sollicitude et seuls exclus de ses libéralités ?
L'Etat fait les frais d'une académie de musique, d'un corps
de ballet, d'une chaire de chinois et d'une autre de sanscrit:
Tous les citoyens qui paient l'impôt contribuent à l'entretien de ces institutions de luxe, quoique bien peu soient en
situation d'en profiter. Et l'on refuse à la masse de la nation
aux pauvres et aux humbles, ce que leur conscience, leur
foi, leurs traditions héréditaires réclament le plus impérieu-
sement, une église où ils puissent se réunir pour prier, un
prêtre qui présidera aux principales circonstances de leur
vie et leur rappellera leur devoir ! Cela, c'est tout simplement le dernier degré de l'iniquité, le comble de l'intolérance et la plus aveugle des politiques, une politique de
sectaire !

2º La loi ne peut pas ignorer la religion. Si elle veut
l'ignorer, elle la connaît pour la persécuter.

Une loi, en effet, qui ne tient pas compte des droits de
Dieu, nous ramène au système païen d'un pouvoir unique,
incompatible avec la liberté de conscience. Dans ce système, l'idée religieuse n'a aucun droit, et l'Etat possède la
force. Or, la religion, par sa nature même, est un frein opposé à la force et, par conséquent, à l'Etat quand il abuse.
Comment, dès lors, l'idée religieuse ne serait-elle pas opprimée dans une nation où la loi est laïque ? Thiers a fait
clairement ressortir, un jour, à la tribune française, le caractère anti-libéral de la loi purement laïque : « Supposez,
disait-il, les deux puissances (la puissance civile et la puissance ecclésiastique) devenues étrangères l'une à l'autre.
Croyez-vous que vous aurez la liberté religieuse ? Non !
L'Eglise, n'ayant plus de droits, sera opprimée par la
force ». (Disc. à la Chambre des Députés, 13 avril 1865).

Les faits, comme toujours, répondent aux principes. On
a vu, sous la Convention, de quelle manière l'Etat prétendait ignorer l'Eglise ! « Les Césars païens, a écrit J. Simon, n'avaient opprimé que la conscience chrétienne ; la
Convention opprima toute conscience sans exception ». (1)

(1) *La liberté de conscience*, p. 203.

Et de nos jours, quoi qu'en dise M. Calvet, la loi laïque française persécute la religion.

Dans la loi du 1er juillet 1901, il est dit « que les Association de personnes pourront se former librement sans autorisation ni déclaration préalable » (a. 2) ; et, plus loin, « qu'aucune Congrégation religieuse ne peut se former sans une autorisation donnée par une loi qui déterminera les conditions de son fonctionnement » (a. 13). Ainsi, il prend fantaisie à cinq ou six hommes de s'associer pour s'occuper de littérature ou d'histoire, la loi ne les inquiète pas. Mais s'ils s'associent dans un but religieux, ils ne le peuvent plus sans une autorisation légale qui leur est souvent refusée. Vous voyez que la loi n'ignore pas la religion. Elle la connaît ; et elle la connaît... pour la persécuter, car « ceux qui auront fait partie d'une congrégation non autorisée, seront punis des peines édictées à l'art. 8 ».

Dans la loi du 9 décembre 1905, le pape et les évêques sont ignorés comme chefs de l'Eglise ; mais on les connaît pour punir d'un emprisonnement de trois mois à deux ans le prêtre qui lirait un de leurs écrits qui ne serait pas assez admiratif pour la législation religieuse de la France. — On sait, d'autre part, que plusieurs évêques ont été poursuivis pour avoir notifié aux fidèles les peines spirituelles encourues par les détenteurs de biens ecclésiastiques ou pour avoir condamné certains manuels scolaires. Et cependant, on permet aux anarchistes toutes les intempérances de langage, les excitations les plus violentes à la révolte et les publications les plus malsaines. Oui, la loi connaît la religion pour la persécuter.

Si nous voulions entrer dans le détail des persécutions mesquines qui blessent la conscience catholique, nous n'en finirions pas. « Le système des petites vexations, des petites tyrannies sévit d'un bout du pays à l'autre. Ce n'est plus la terreur rouge, ni la terreur blanche, c'est l'asticotage au jour le jour, la petite guerre civile à coups d'épingle ». (*Matin*, 7 octobre 1909). Tous les jours, il arrive que des fonctionnaires de l'Etat sont tracassés à cause de leurs opinions religieuses. Tous les jours, de pauvres gens ont à souffrir parce qu'ils sont catholiques. N'a-t-on pas vu naguère des enfants chassés des écoles parce qu'ils avaient comme parures de petites croix ? (*J. des Débats*, 1er juin 1907). C'est bien à ces procédés méprisables et bas qu'en arrive un Etat qui ne veut pas connaître la religion.

La loi ne peut ignorer l'idée religieuse. Le spirituel et le temporel sont, dans l'Etat, comme l'âme et le corps dans l'homme. Ils ne peuvent prospérer l'un sans l'autre.

« Une âme saine dans un corps sain ; c'est la formule de l'homme. Un pouvoir spirituel sans entraves, dans un Etat bien ordonné : c'est la formule des nations sages. La France a cessé de l'être ». (1) Espérons qu'elle saura comprendre un jour que la religion est nécessaire à sa vie et à sa prospérité.

ÉPILOGUE

Dans un discours récent, M. Jaurès comparait le peuple moderne et la plèbe antique. Et il constatait que la plèbe n'avait jamais pu s'élever au-dessus de sa condition, parce qu'elle n'avait pas d'idéal, pas d'âme. « Le christianisme est venu, disait il, et, à la longue, il a façonné le peuple et le citoyen moderne est apparu. »

L'examen de quelques textes extraits de certains manuels d'histoire, nous a montré que l'on cherche parfois à dissimuler cette action salutaire de l'Eglise. Ce serait le plus grand des malheurs, si l'on parvenait, par un enseignement faussé, à faire oublier au « citoyen moderne » ses origines sociales et à lui faire renier l'Evangile ; car, alors, il redeviendrait la plèbe antique, plus esclave, plus ignoble et plus opprimée que jamais. Espérons que nos concitoyens sauront comprendre leur devoir en ne permettant plus la diffusion de ces mensonges qui, tout en causant la perte de beaucoup d'âmes, suppriment en France l'idéal nécessaire au maintien de la liberté et à la prospérité de notre pays.

---

(1) SERTILLANGES, *La politique chrétienne*, 238.

TABLE DES MATIÈRES